STEP 3

손으로 생각하는 사고력 수학 시리즈

챌린지 CHALLENGE

도미노

조이앤에듀

몬스터매스 챌린지의 활용법

도미노를 활용하여 수학의 5대 영역(수와 연산, 도형, 측정, 자료와 가능성, 규칙성)의 내용을 골고루 학습합니다.

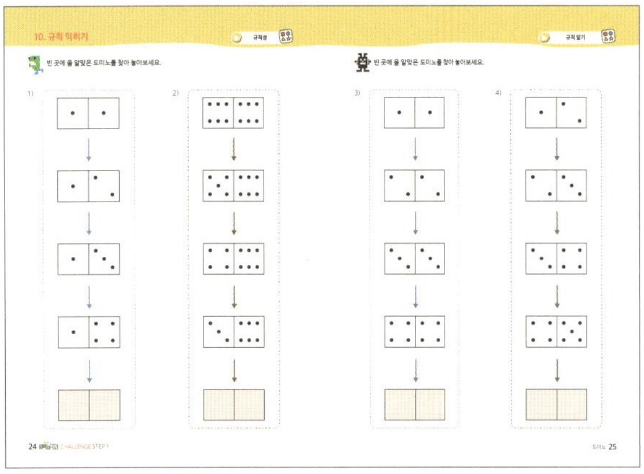

도미노의 수학적 의미에 대한 스토리는 아이들에게 흥미를 이끌어내도록 합니다.

아이들의 흥미를 위해 놓아보기( ), 색칠하기( ), 연필로 그려보기( ) 등 다양하게 활동하도록 합니다.

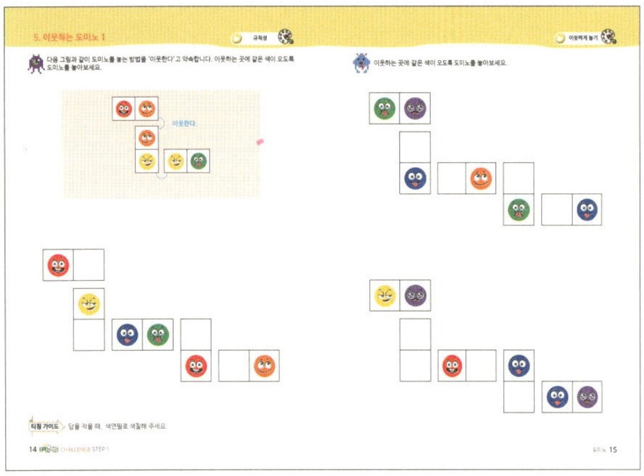

티칭 가이드를 통해 주제에 따른 학습 내용과 지도에 대한 팁을 활용합니다.

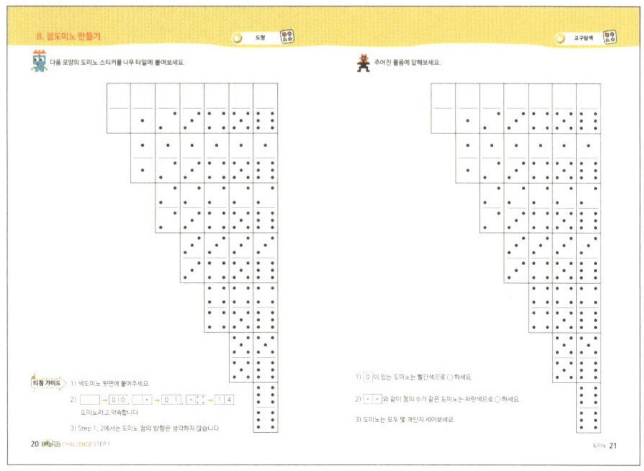

학습효과

1. 수학의 5대 영역에 대하여 폭넓게 익히고, 경험할 수 있습니다.
2. 특히 영재성의 기본인 공간지각력을 키우고, 공간 구조를 익힐 수 있습니다.
3. 어려운 문제를 해결해냄으로써 성취감을 높여줍니다.
4. 문제 해결을 위한 전략적인 사고는 생각하는 힘을 길러줍니다.

CONTENTS

너무 재미있겠다~
빨리 빨리
시작해요~

STORY

도미노 이야기

도미노는
직사각형의 타일을 길게 세워 모양을 만들고
이를 쓰러뜨리는 놀이라고 많이 생각할텐데요.
수학 교구에서의 도미노는
정사각형 2개를 변끼리 붙여서 만든 모양에
주사위처럼 점을 찍어 만든 교구를 뜻합니다.

도미노라는 이름은 고대 프랑스어에서 유래되었다는 이야기가 있어요.
이는 처음 도미노의 모습이 검은 나무로 된 면에 흰색 점이 있었는데
이 모양이 꼭 성직자들의 복장과 닮아있어서
복장의 이름에서 딴 domino라고 붙였다고 해요.

도미노는 점의 개수 또는 그림에 따라 이름이 달라지는데

우리가 사용할 교구는

최대 6개의 점이 있는 6점 도미노와

7가지 색을 이용한 색도미노랍니다.

수업 전에 도미노 스티커를 붙여보고, 도미노 쓰러뜨리기 활동도 하면서

도미노와 친해진 후 다양한 활동을 해보도록 하세요.

모양 맞추기

규칙 길 완성하기

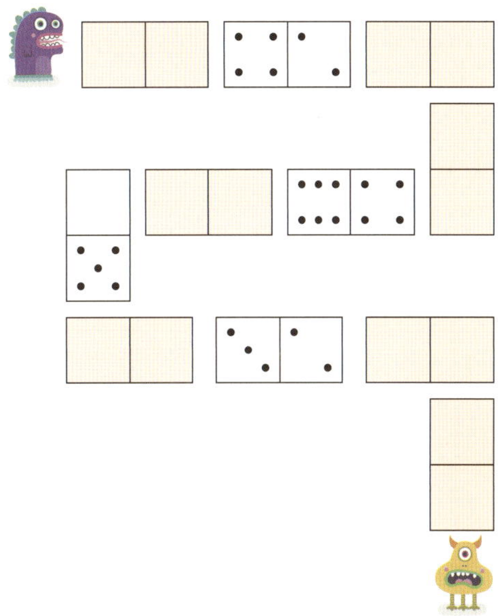

자리 찾기

1	1	2	6	4	1
	3	2	2	1	
	5	4	2	2	
	1	6	1	5	
	1	3	2	2	

곱셈방진

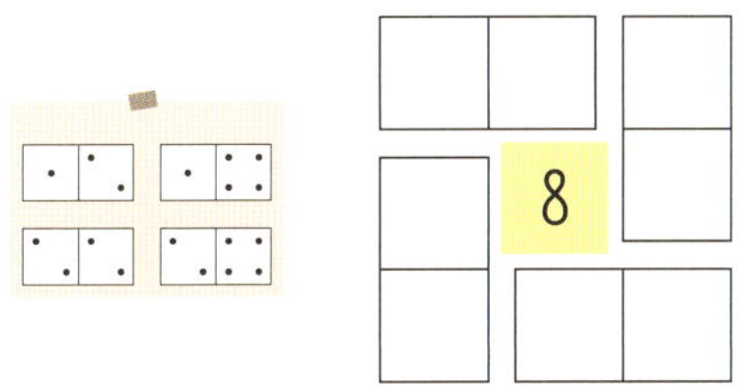

다음 모양의 도미노 스티커를 너무 타일에 붙여보세요.

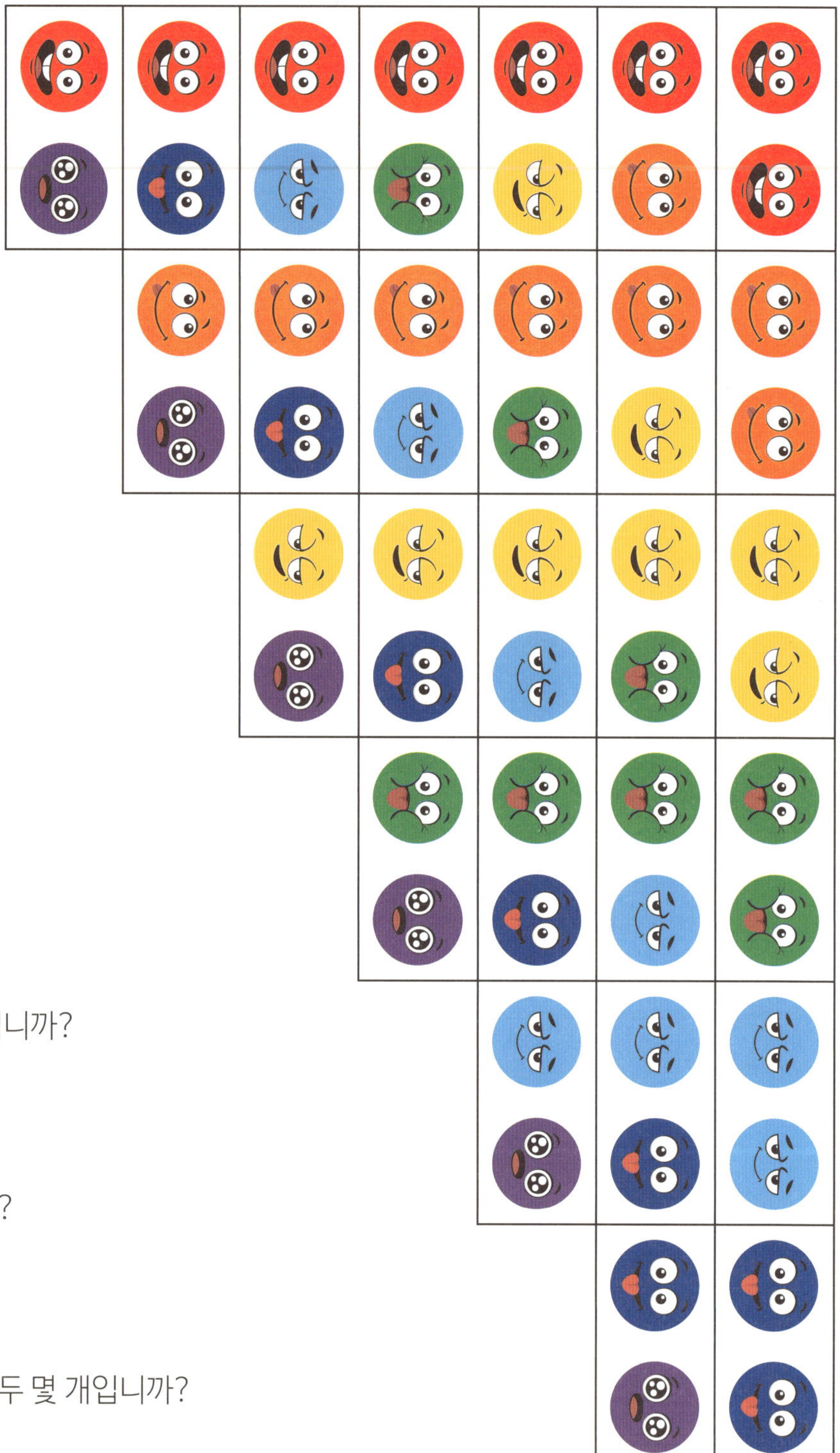

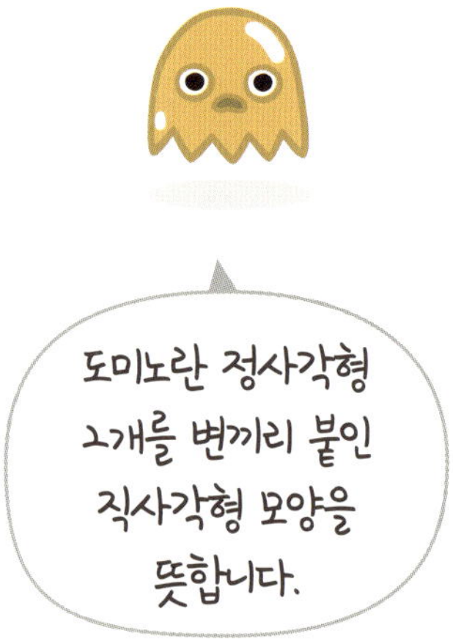

1) 몬스터 색은 모두 몇 가지입니까?

2) 도미노는 모두 몇 개입니까?

3) 제시된 색깔의 몬스터는 모두 몇 개입니까?

개수							

다음 모양의 도미노 스티커를 나무 타일에 붙여보세요.

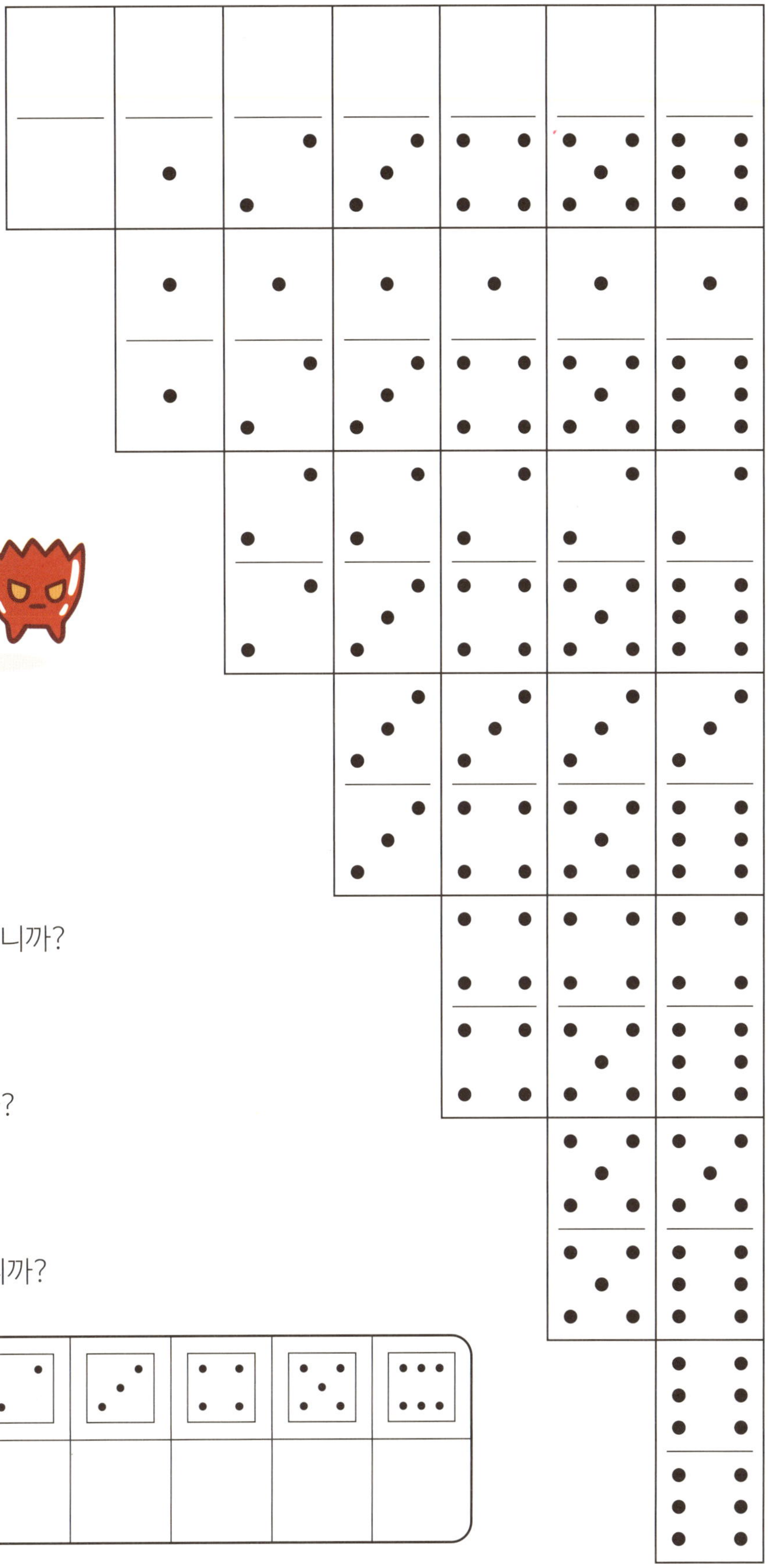

1) 도미노 점은 무엇을 나타냅니까?

2) 도미노는 모두 몇 개입니까?

3) 제시된 점은 모두 몇 개입니까?

개수							

2. 점도미노 분류하기

도미노를 두 점의 합에 따른 기준으로 분류해 보세요.

기준	도미노	개수
두 점의 합이 0인 도미노	(0, 0)	1개
두 점의 합이 1인 도미노	(0, 1)	1개
두 점의 합이 2인 도미노	(0, 2), (1, 1)	2개
두 점의 합이 3인 도미노	(0, 3), (1, 2)	2개
두 점의 합이 4인 도미노		
두 점의 합이 5인 도미노		
두 점의 합이 6인 도미노		
두 점의 합이 7인 도미노		
두 점의 합이 8인 도미노		
두 점의 합이 9인 도미노		
두 점의 합이 10인 도미노		
두 눈의 합이 11인 도미노		
두 눈의 합이 12인 도미노		

티칭 가이드  → (0, 0) 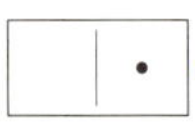 → (0, 1) 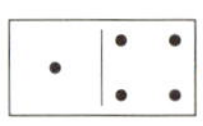 → (1, 4) 도미노라고 약속합니다.

도미노를 점의 차에 따른 기준으로 분류해 보세요.

기준	도미노	개수
점의 차가 0인 도미노		
점의 차가 1인 도미노		
점의 차가 2인 도미노		
점의 차가 3인 도미노		
점의 차가 4인 도미노		
점의 차가 5인 도미노		
점의 차가 6인 도미노		

3. 다른 도미노 찾기

규칙성

다음 도미노 중에서 다른 도미노를 찾아보세요. 어떤 부분이 다른지 이야기해 보세요.

다음 도미노 중에서 다른 도미노를 찾아보세요. 어떤 부분이 다른지 이야기해 보세요.

4. 점의 모양의 변화

도형

도미노의 점은 0부터 6까지 있습니다. 다음 모양 중에서 돌렸을 때 모양이 변하는 것과 변하지 않는 것을 분류해 보세요.

〈모양이 변하는 것〉

〈모양이 변하지 않는 것〉

다음 모양을 제시된 방향으로 돌렸을 때 점의 모양을 그려보세요.

	시계 방향으로 90°	시계 방향으로 180°	시계 방향으로 270°

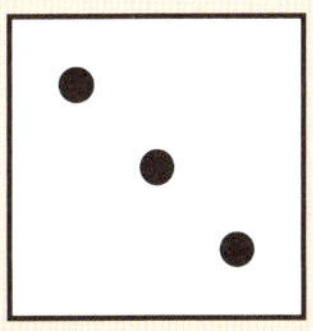	시계 방향으로 90°	시계 방향으로 180°	시계 방향으로 270°

	시계 방향으로 90°	시계 방향으로 180°	시계 방향으로 270°

5. 조건에 맞는 도미노 찾기

다음 조건에 맞는 도미노를 모두 찾아보세요.

1) 두 눈의 합이 6입니다.

2) 두 눈의 합이 4보다 작습니다.

3) 두 눈의 합이 8보다 큽니다.

다음 조건에 맞는 도미노를 모두 찾아보세요.

4) 두 눈의 차가 가장 큰 도미노를 찾아보세요.

5) 두 눈의 차가 3인 도미노를 모두 찾아보세요.

6) 두 눈의 차가 1보다 작습니다.

6. 도미노 방진 1

〈보기〉와 같이 가로와 세로의 합이 가운데 수가 되도록 알맞은 도미노를 놓아보세요.

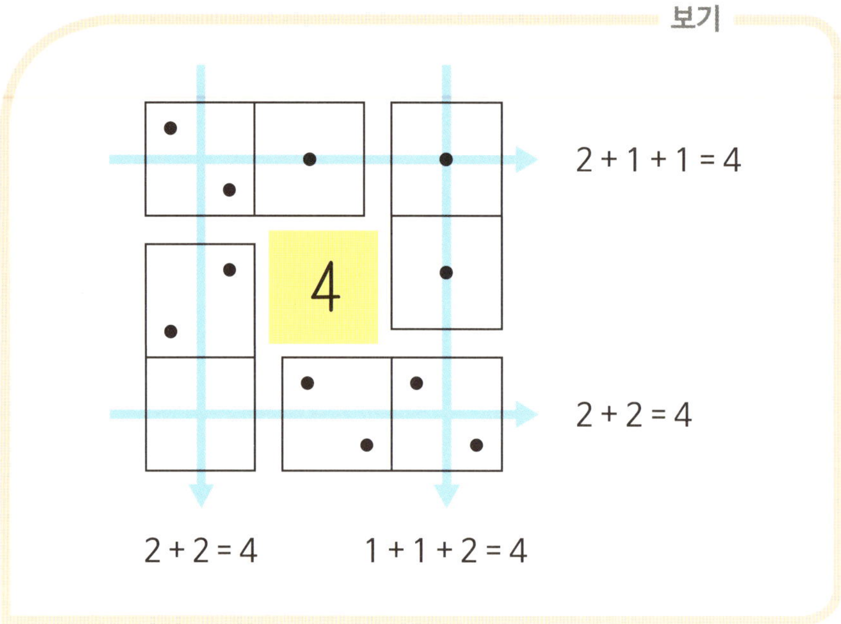

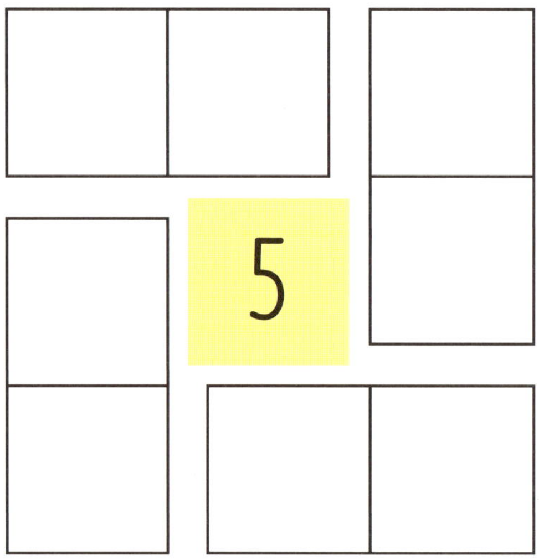

가로와 세로의 합이 가운데 수가 되도록 알맞은 도미노를 놓아보세요.

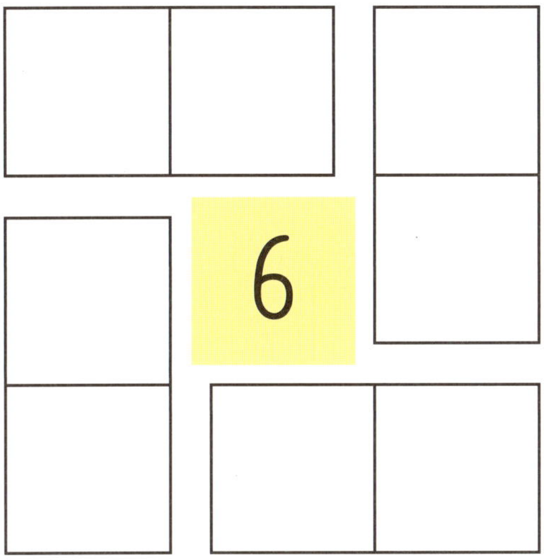

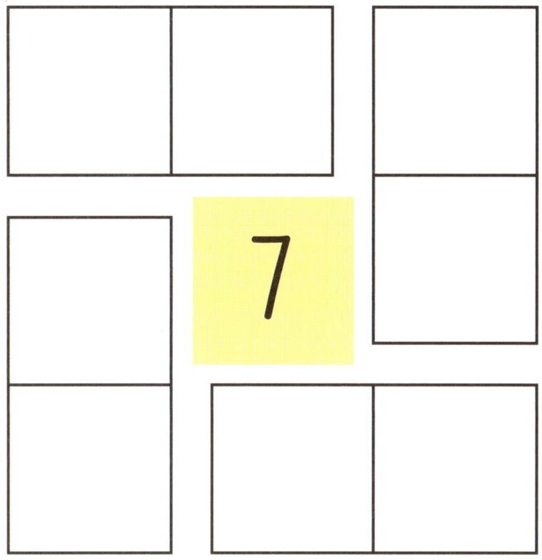

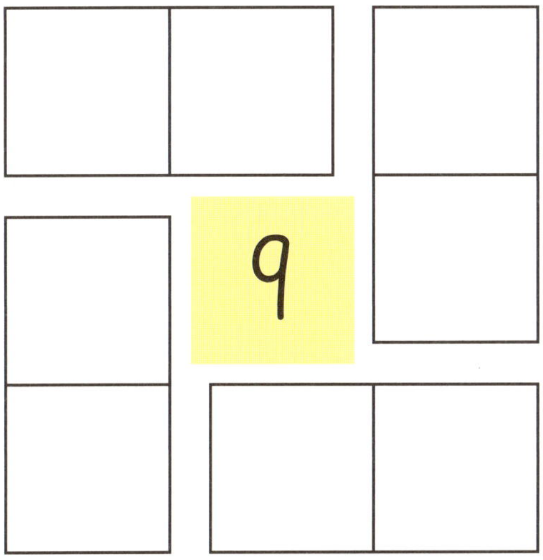

7. 색도미노 활동 1

규칙성

도미노 28개를 모두 사용해서 빈 곳에 알맞은 도미노를 놓아보세요. 이때, 이웃하는 도미노가 같아야 합니다.

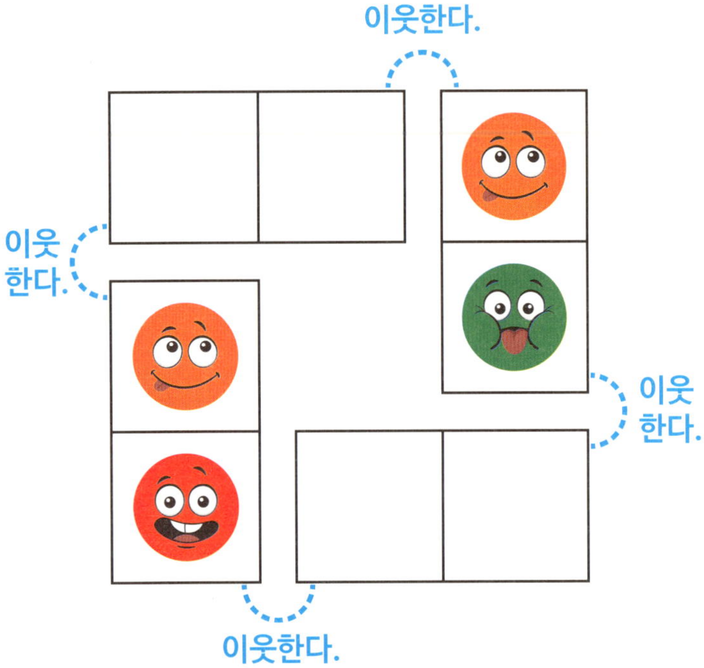

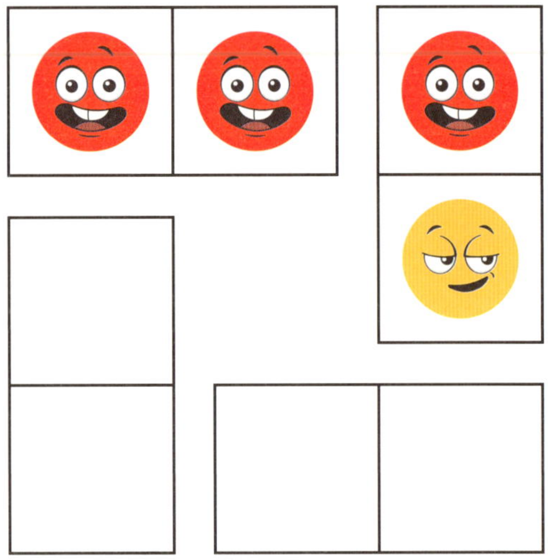

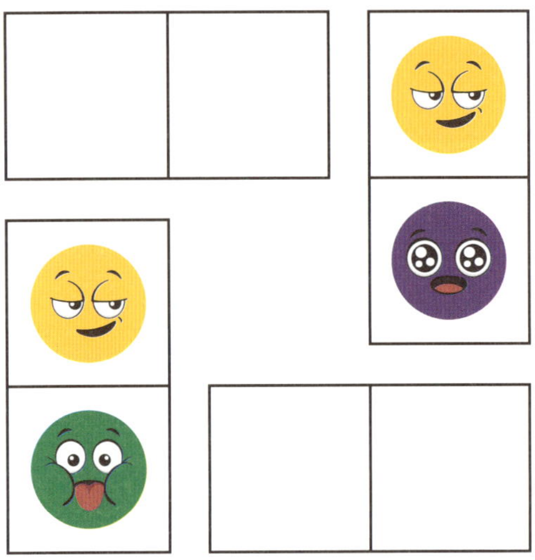

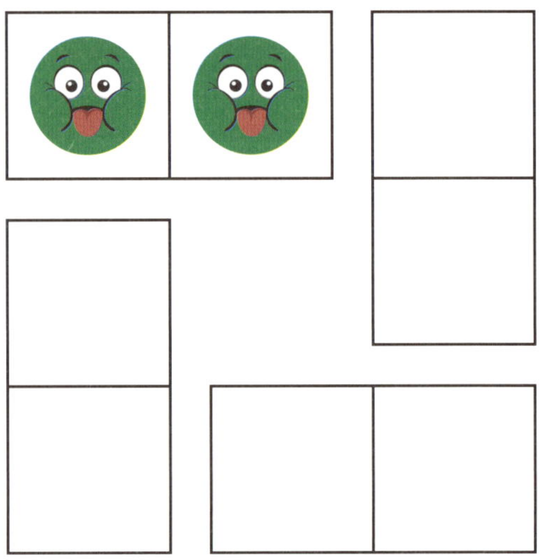

티칭 가이드 색도미노 활동을 할 때, 그림이 뒤집어지거나 방향이 다른 것은 상관없습니다.

도미노 28개를 모두 사용해서 빈 곳에 알맞은 도미노를 놓아보세요. 이때, 이웃하는 도미노가 같아야 합니다.

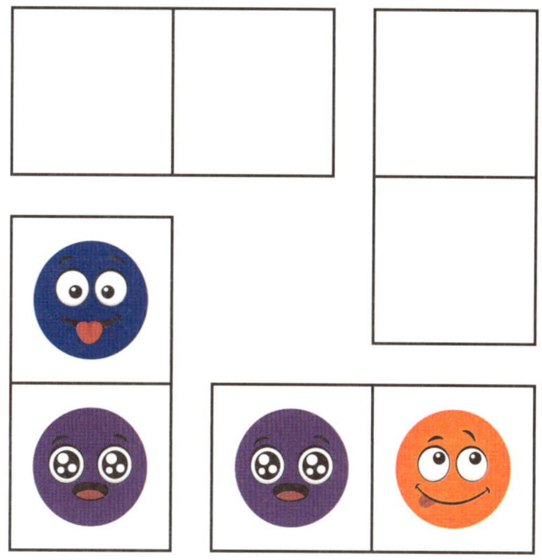

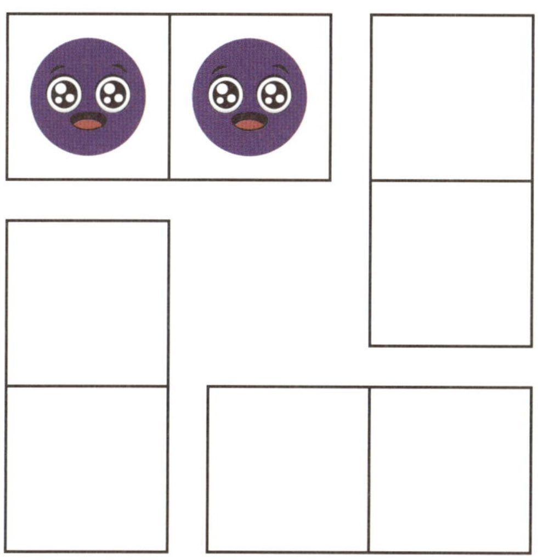

다음 모양을 만들어 보세요.

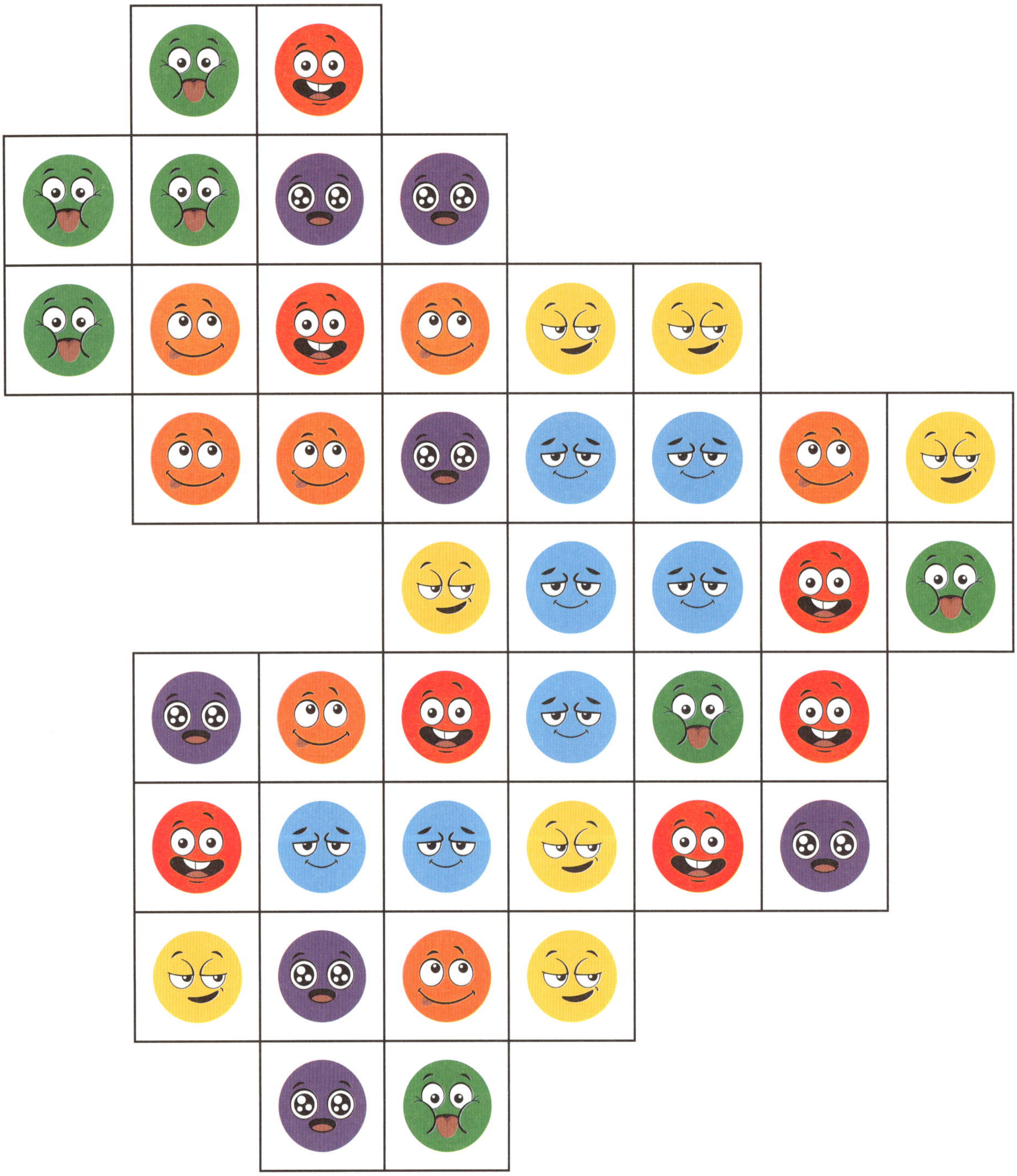

티칭 가이드

답을 표시하는 방법은 선으로 표시하기( ) 또는 테두리 굵게 표시하기( ) 등의 방법을 사용합니다.

다음 모양을 만들어 보세요.

9. 색도미노 활동 3

도형

다음 모양을 만들어 보세요.

다음 모양을 만들어 보세요.

10. 도미노 방진 2

가로 줄과 세로 줄에 놓인 점의 합이 매직넘버가 되도록 주어진 도미노를 놓아보세요.

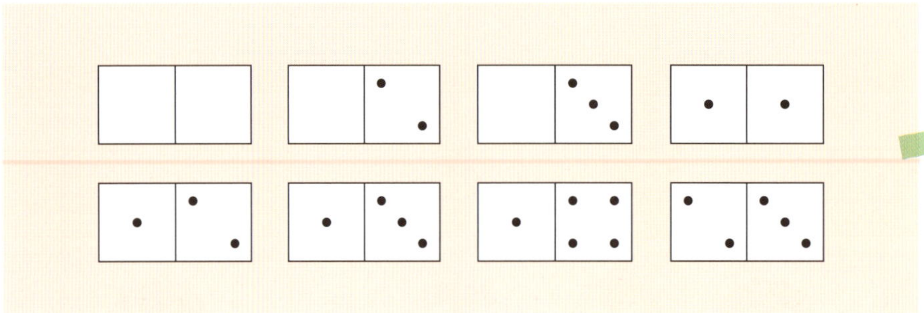

마방진이란
가로와 세로의 합이
모두 같도록 만든
사각형 모양의 숫자배열
표를 말해요.

이때, 가로와 세로의
합이 같아지는 그 수를
매직넘버라 약속해요.

매직넘버 6

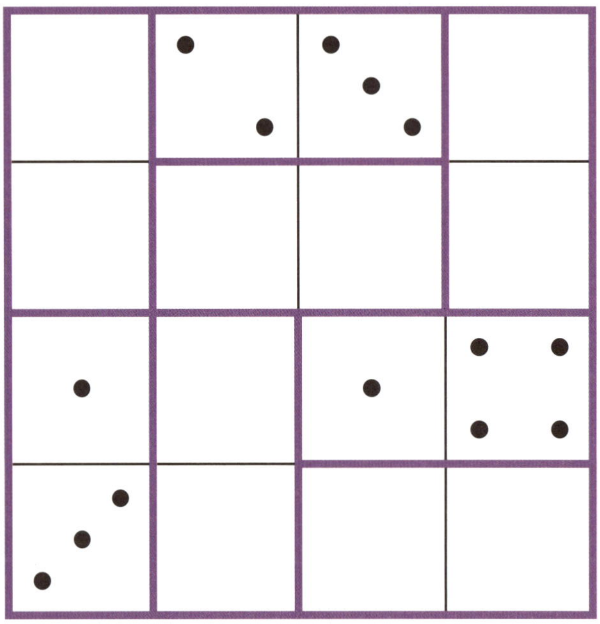

가로 줄과 세로 줄에 놓인 점의 합이 매직 넘버가 되도록 주어진 도미노를 놓아보세요.

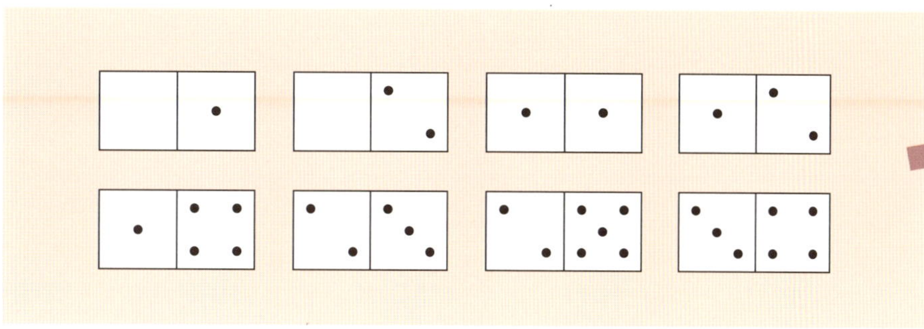

매직넘버 8

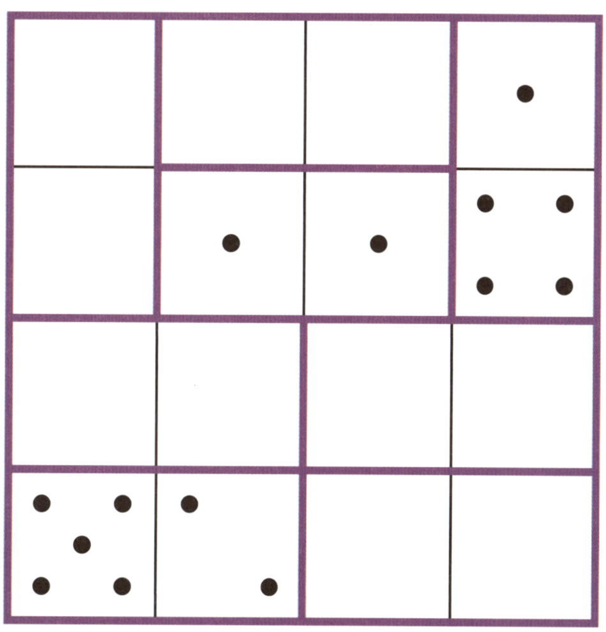

11. 모양 만들기

도형

다음 모양을 맞춰보세요. 이때 도미노 점의 방향까지도 생각해야 합니다.

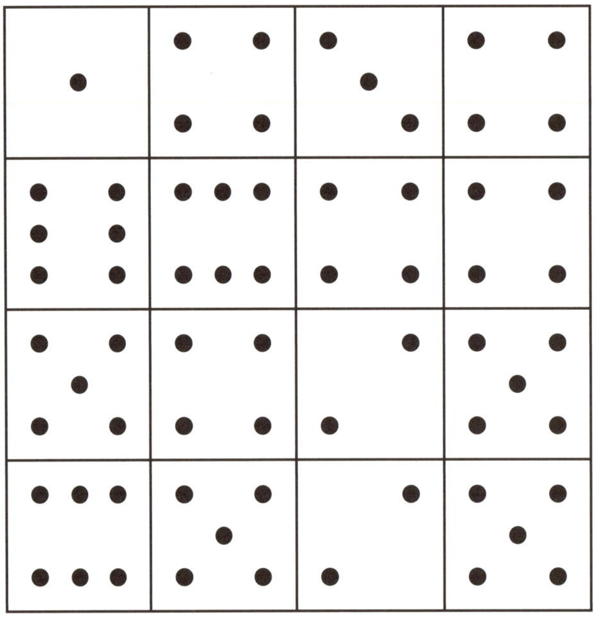

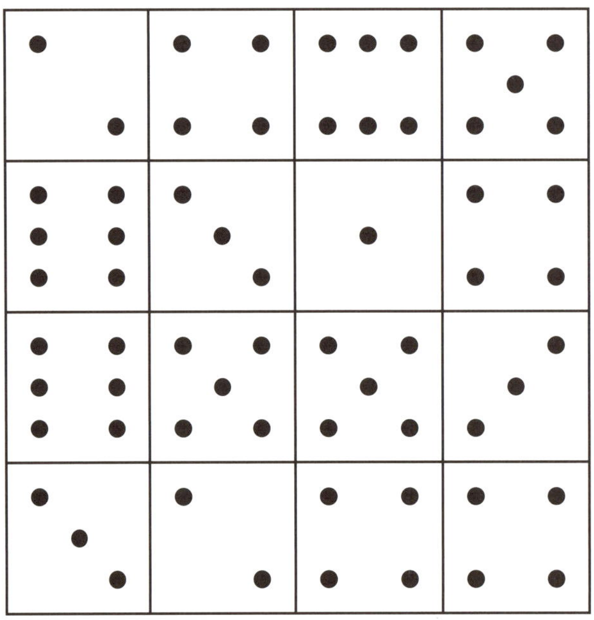

다음 모양을 맞춰보세요. 이때 도미노 점의 방향까지도 생각해야 합니다.

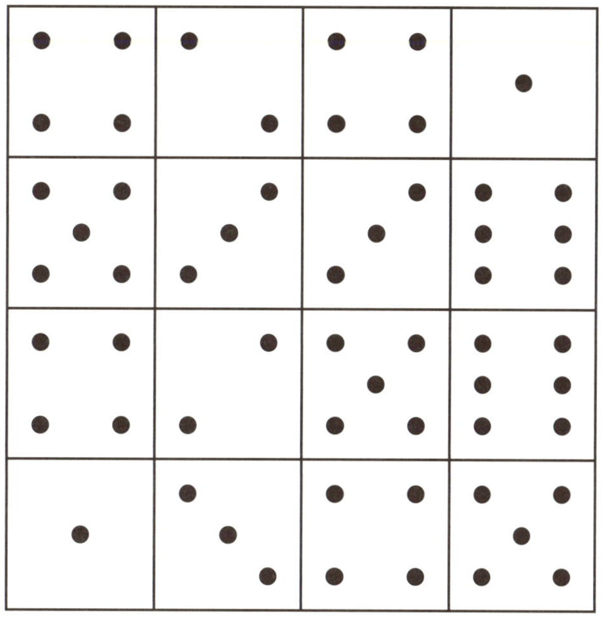

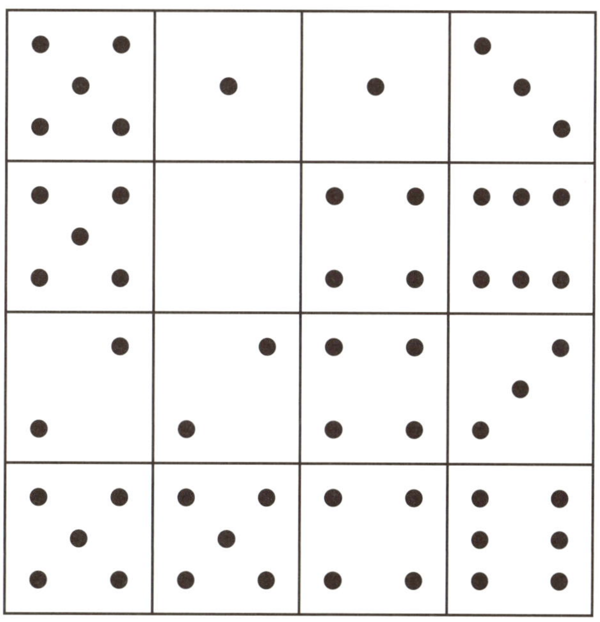

티칭 가이드 조각을 가로로 놓거나 세로로 놓았을 때 방향이 바뀌는 수를 먼저 생각합니다.

12. 도미노 곱셈 1

수와 연산

도미노의 눈의 곱이 다음과 같도록 알맞은 도미노를 놓아보세요. 이때, 이웃하는 도미노의 점의 수가 같아야 합니다.

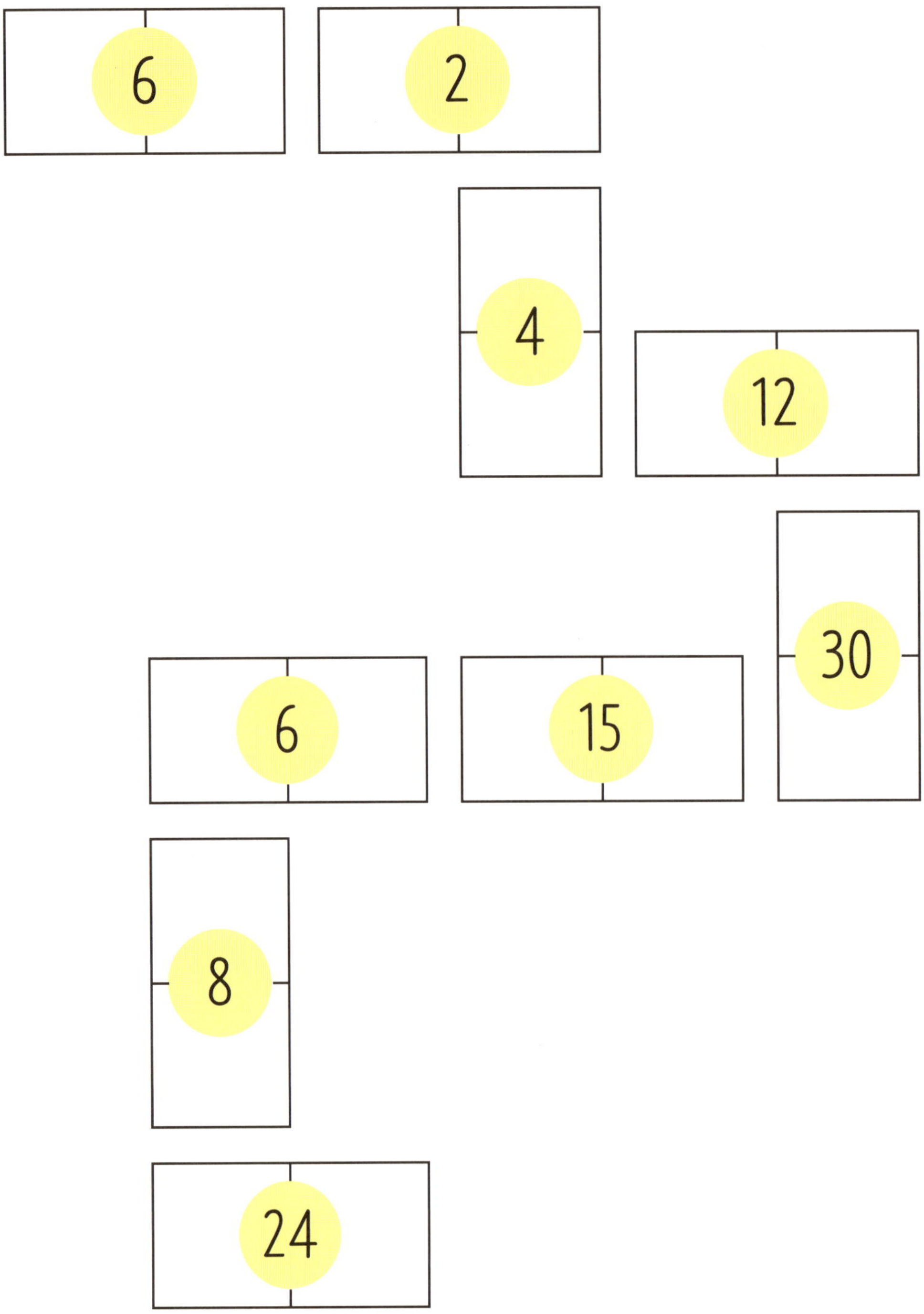

도미노의 눈의 곱이 다음과 같도록 알맞은 도미노를 놓아보세요. 이때, 이웃하는 도미노의 점의 수가 같아야 합니다.

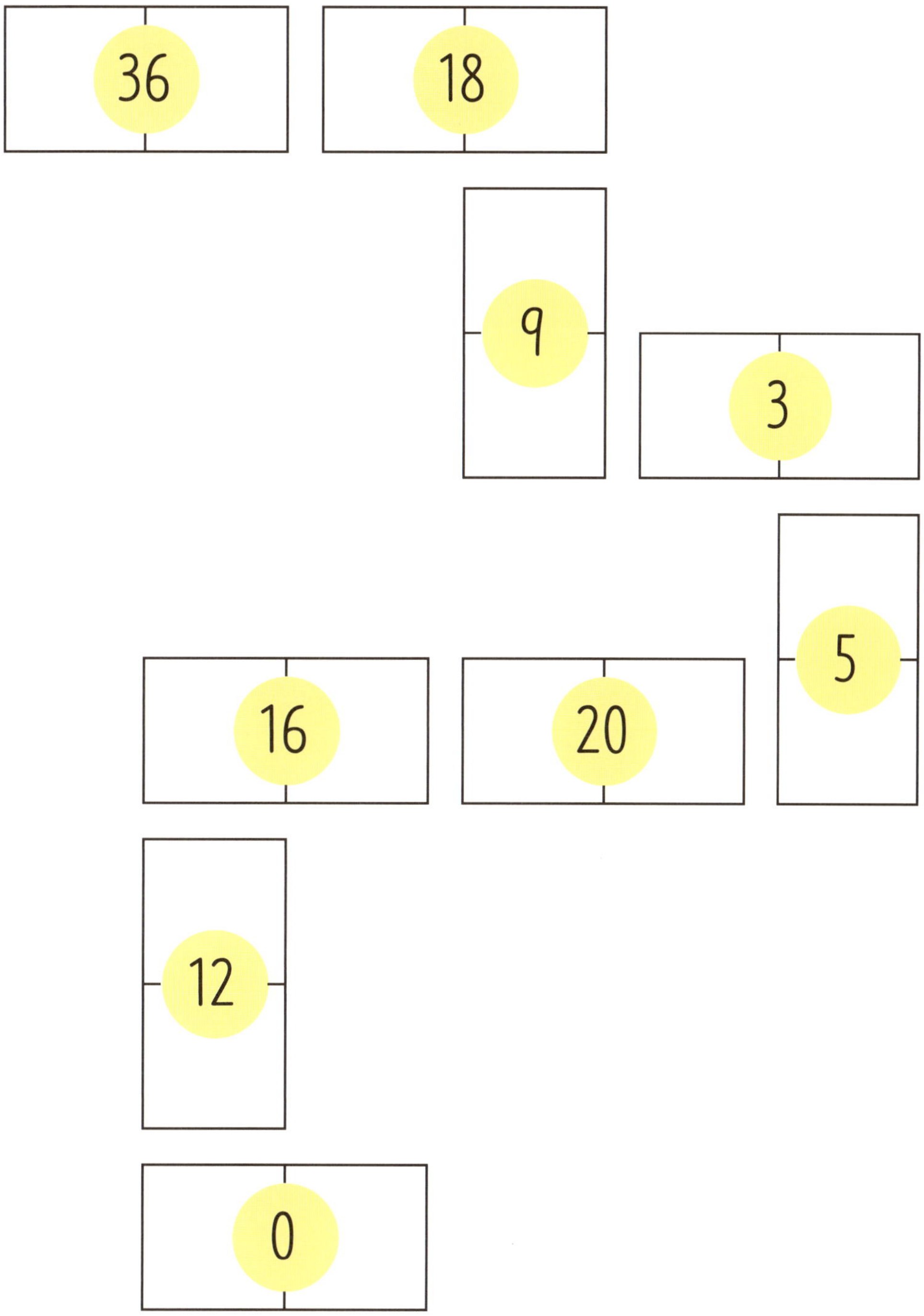

13. 도미노 곱셈 2

도미노의 눈의 곱이 다음과 같도록 알맞은 도미노를 놓아보세요. 이때, 이웃하는 도미노의 점의 수가 같아야 합니다.

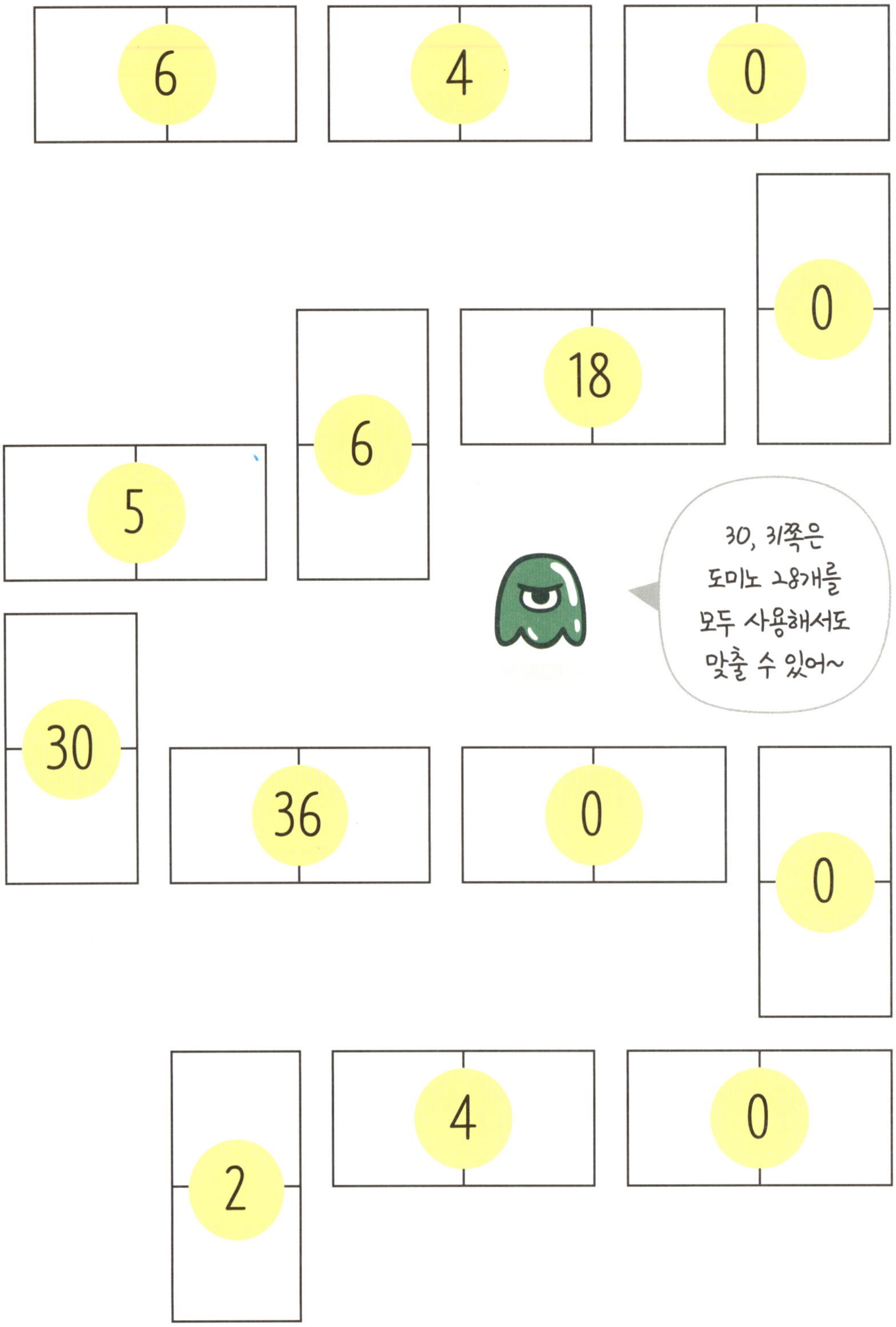

도미노의 눈의 곱이 다음과 같도록 알맞은 도미노를 놓아보세요. 이때, 이웃하는 도미노의 점의 수가 같아야 합니다.

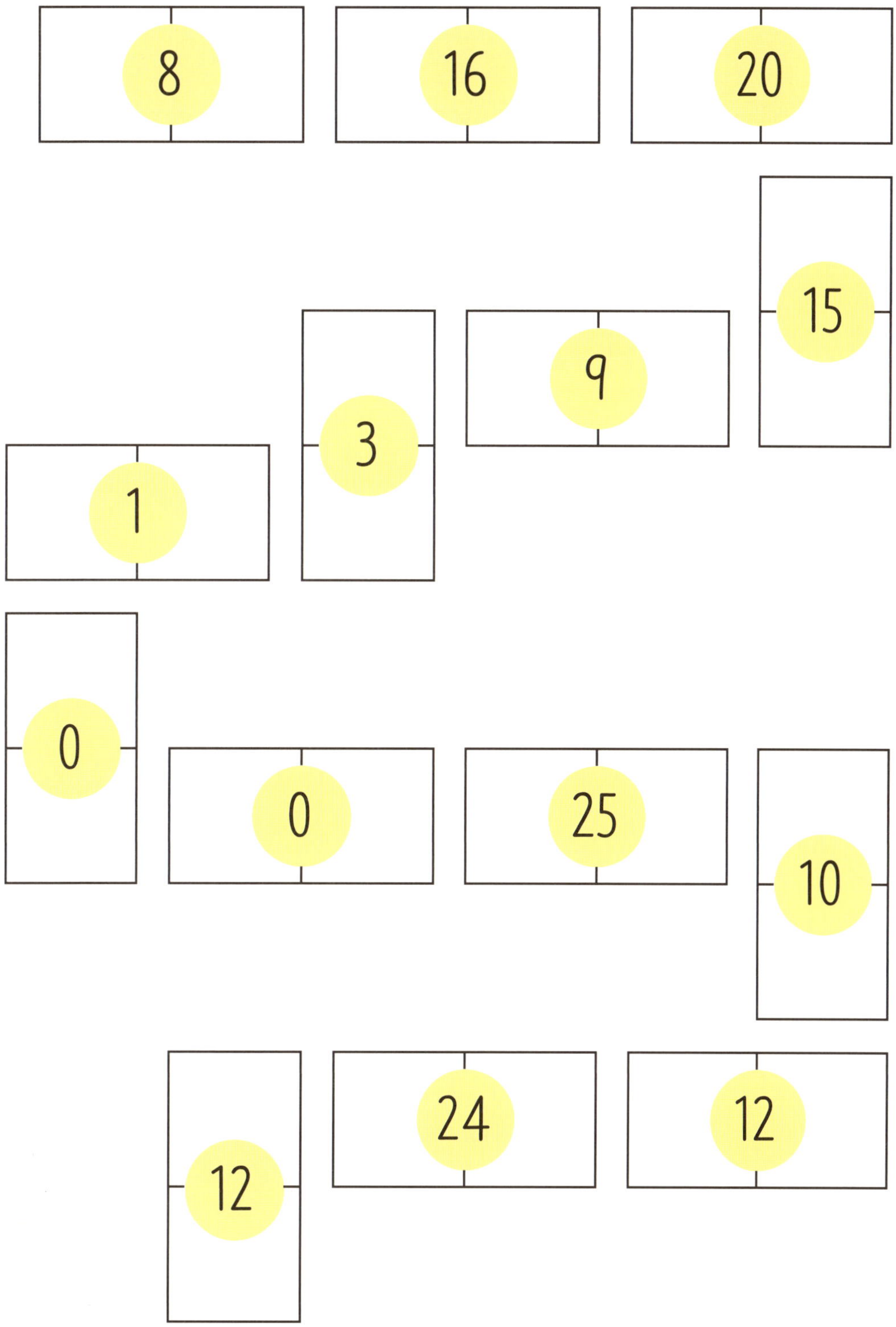

14. 도미노 방진 3

가로 줄과 세로 줄에 놓인 점의 합이 매직 넘버가 되도록 주어진 도미노를 놓아보세요.

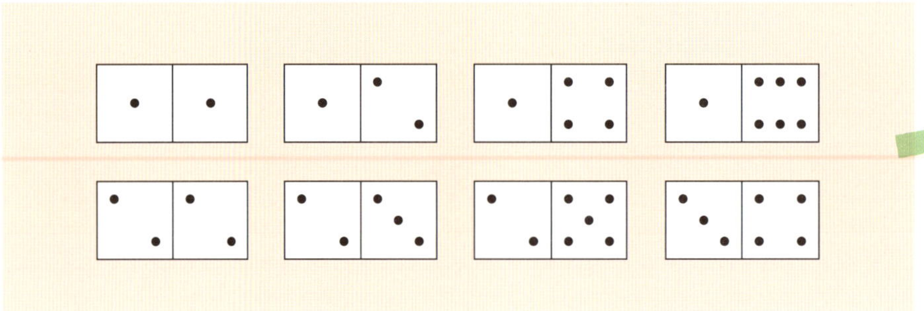

매직넘버 10

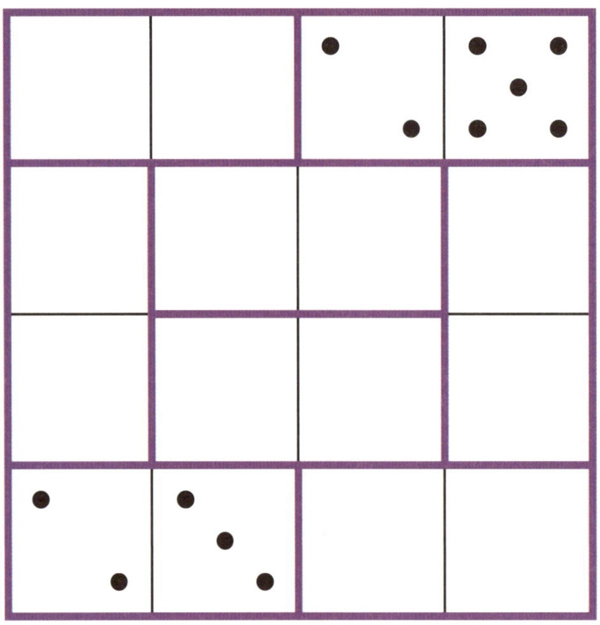

가로 줄과 세로 줄에 놓인 점의 합이 매직 넘버가 되도록 주어진 도미노를 놓아보세요.

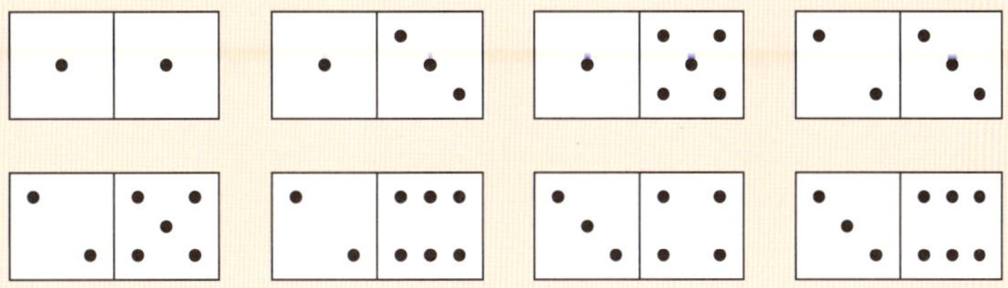

매직넘버 12

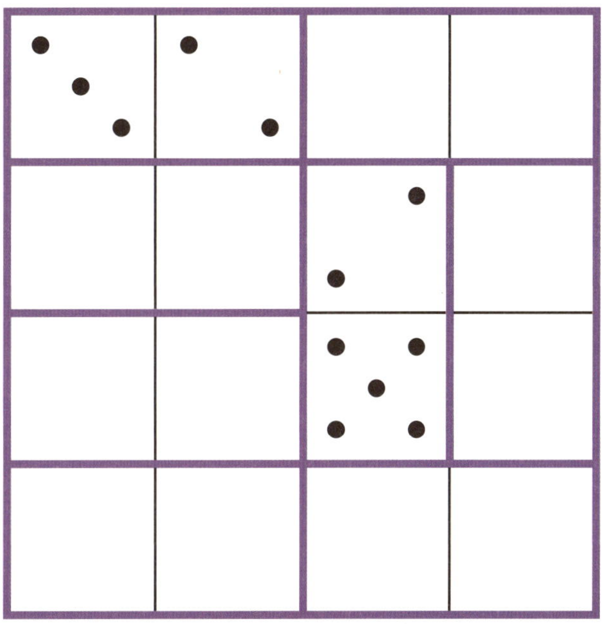

15. 도미노 방진 4

수와 연산

도미노 28개를 4개씩 7부분으로 나누어서 1) ~ 7) 문제를 가로줄과 세로줄에 있는 수의 합이 가운데 제시된 매직넘버가 되도록 만들어 보세요.

1)

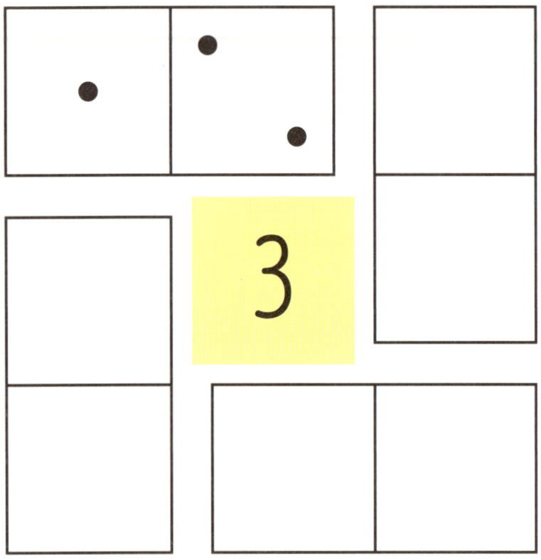

2)

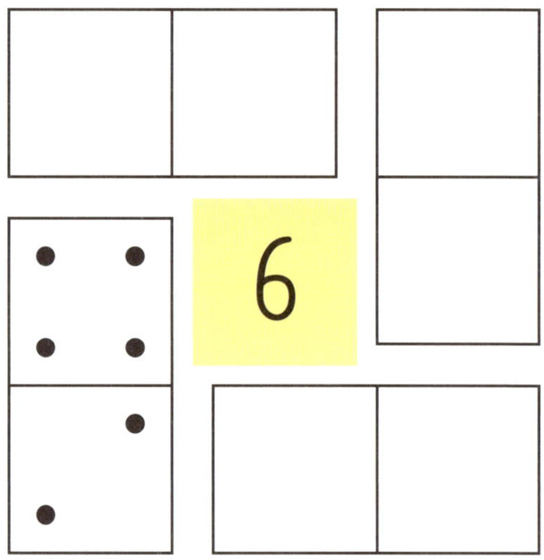

3)

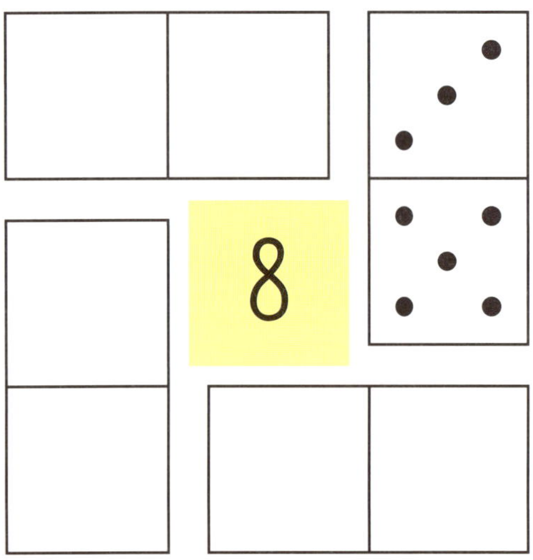

4)

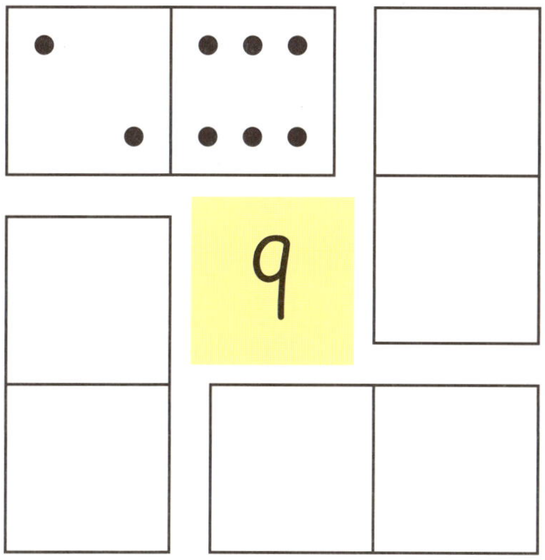

5)

6)

7)

다음 모양을 맞춰보세요.

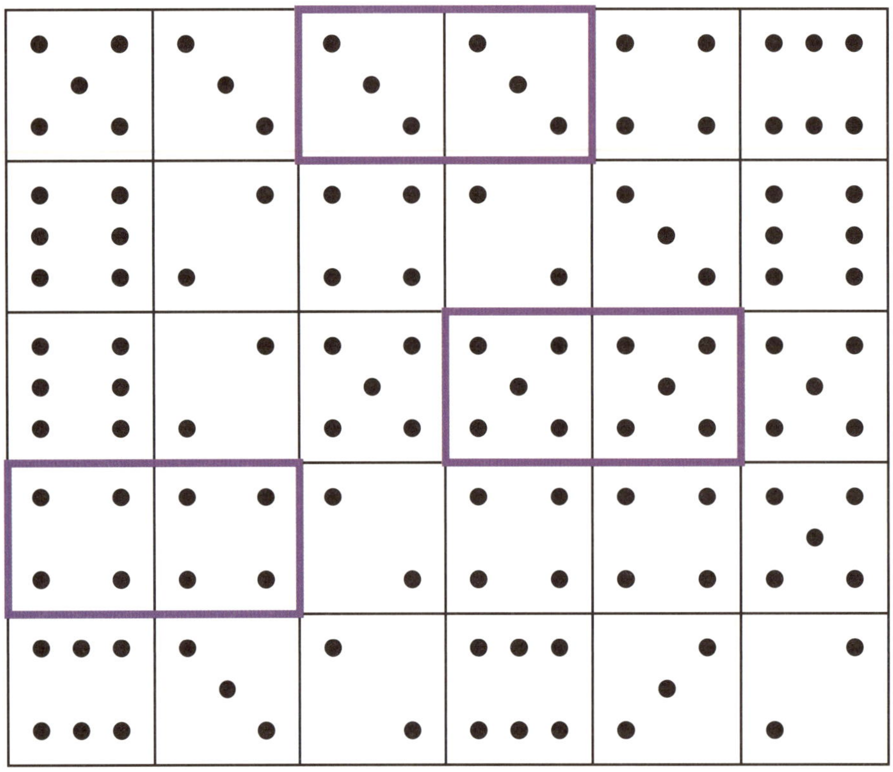

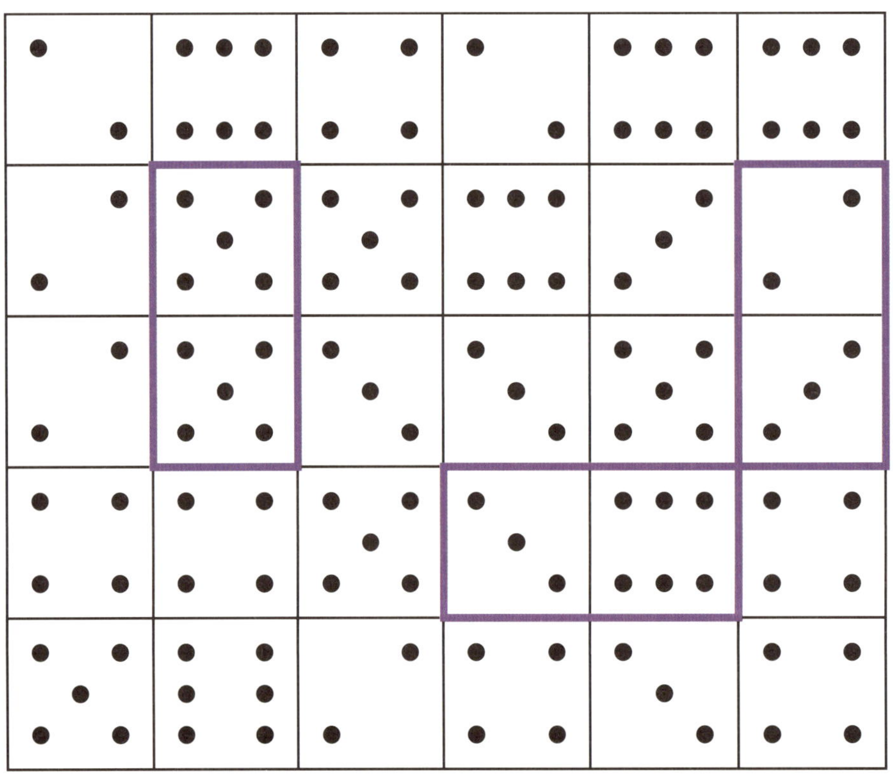

다음 모양을 맞춰보세요.

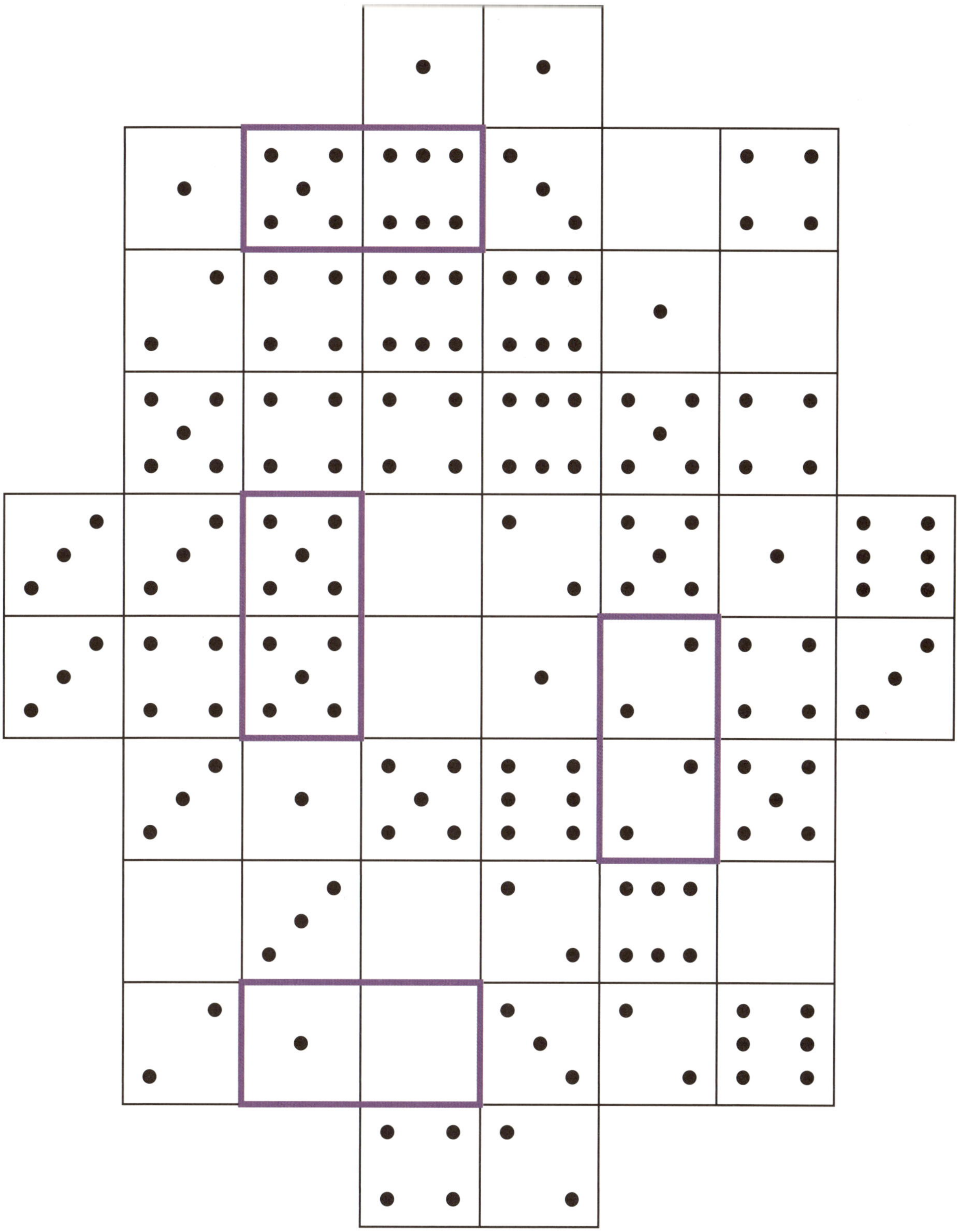

17. 도미노 곱셈 방진

수와 연산

〈보기〉와 같이 가로와 세로의 곱이 가운데 수가 되도록 알맞은 도미노를 놓아보세요.

보기

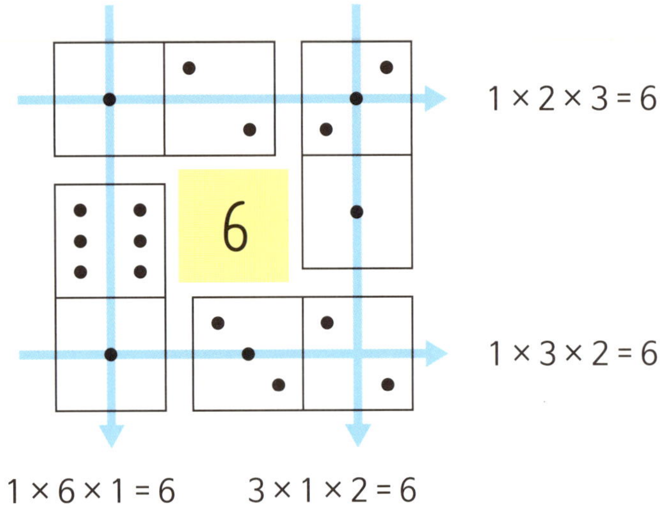

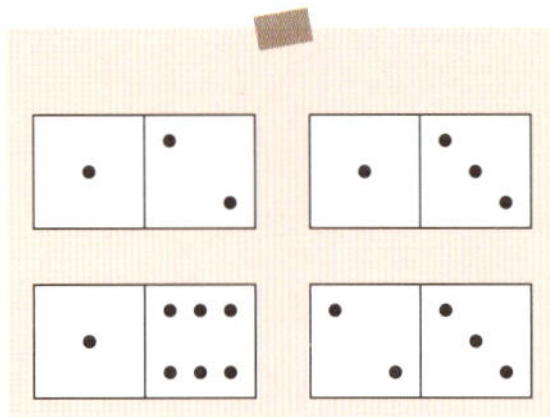

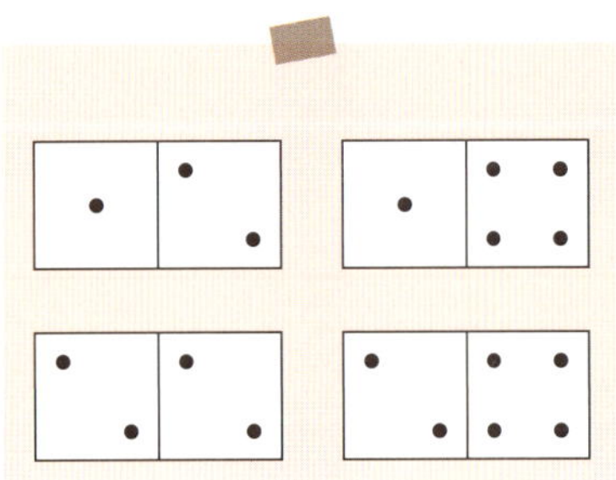

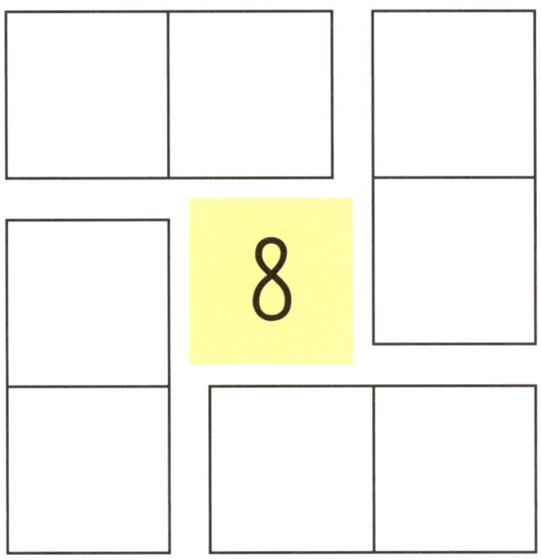

가로와 세로의 곱이 가운데 수가 되도록 알맞은 도미노를 놓아보세요.

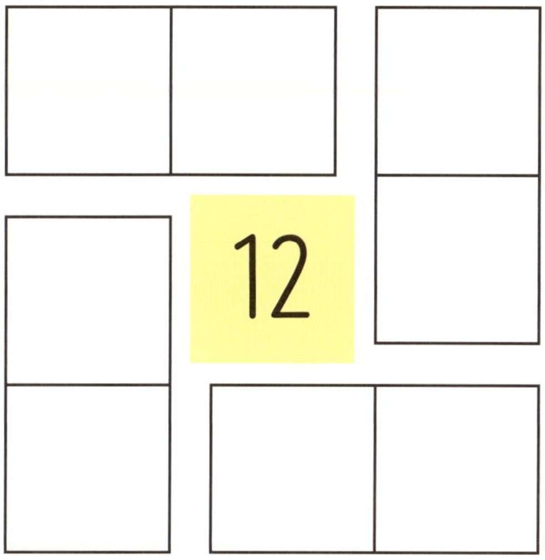

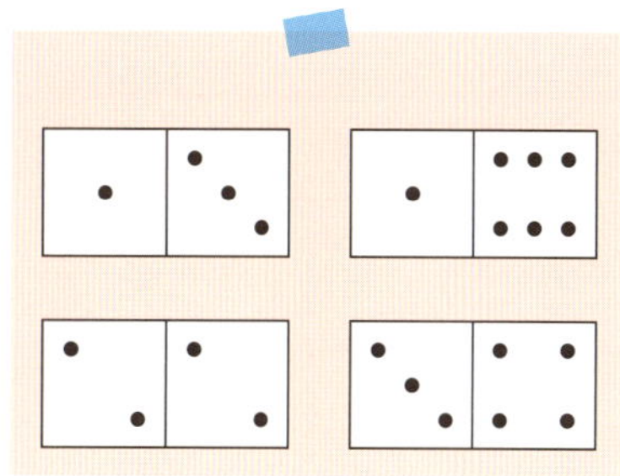

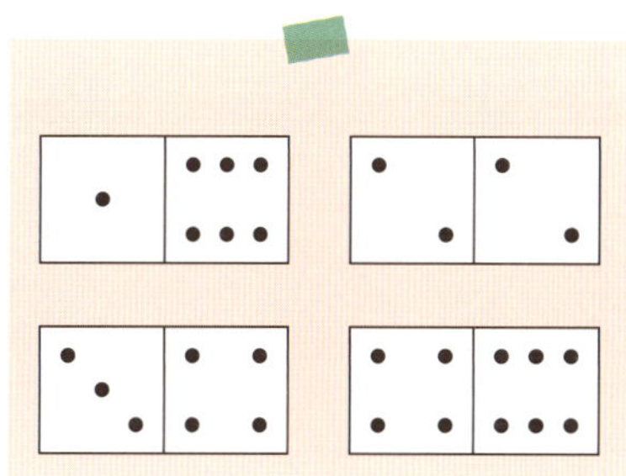

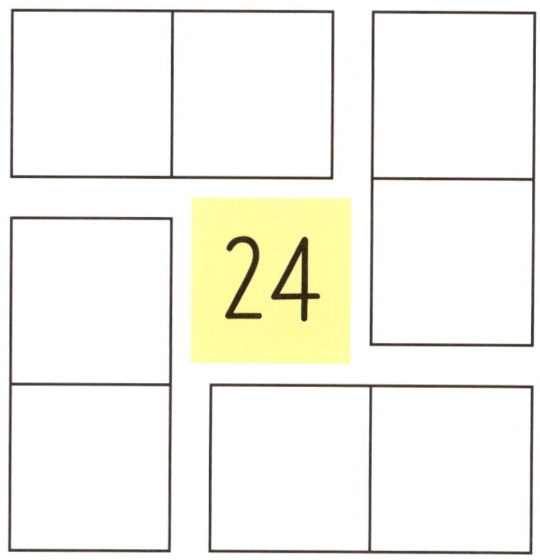

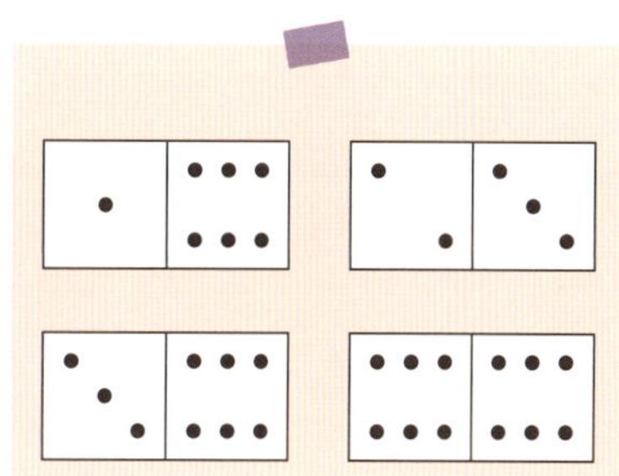

18. 도미노 전개도 1

도형

다음은 정육면체의 전개도입니다. 도미노 조각으로 만들 수 있는 모양을 모두 찾아보세요.

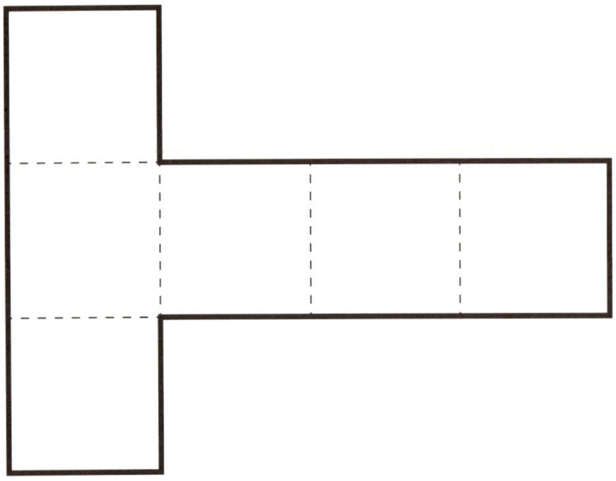

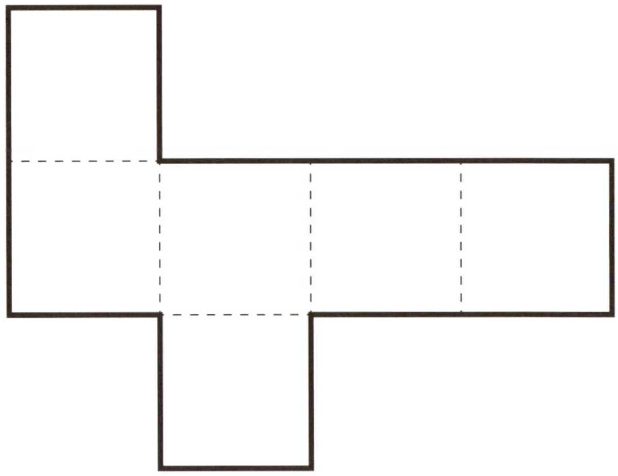

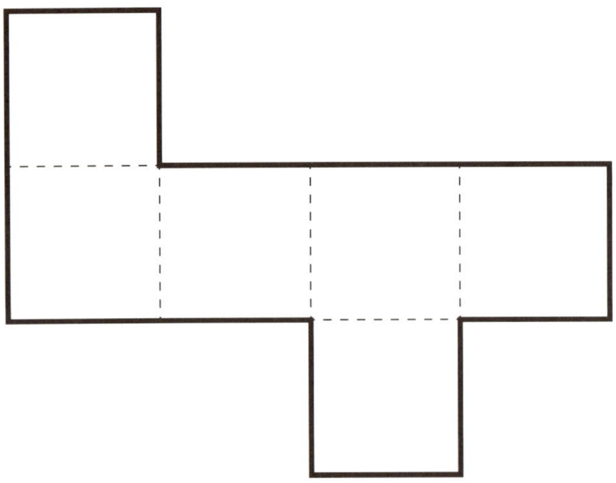

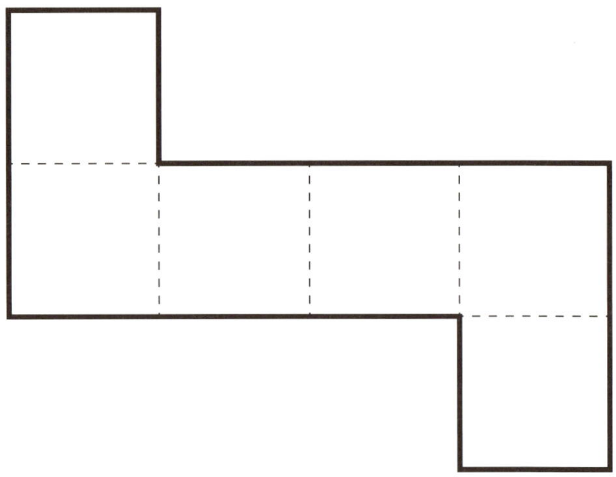

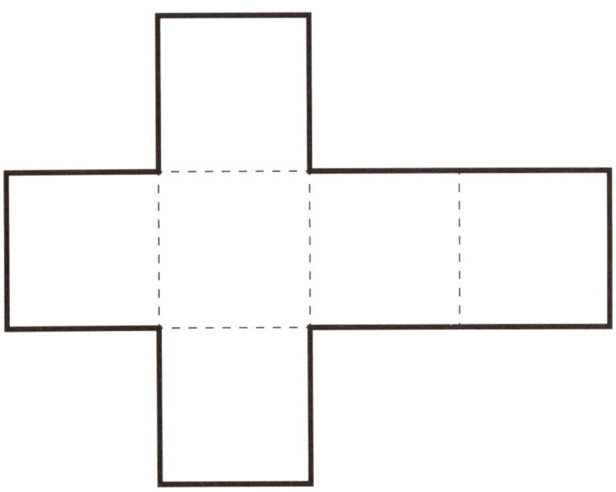

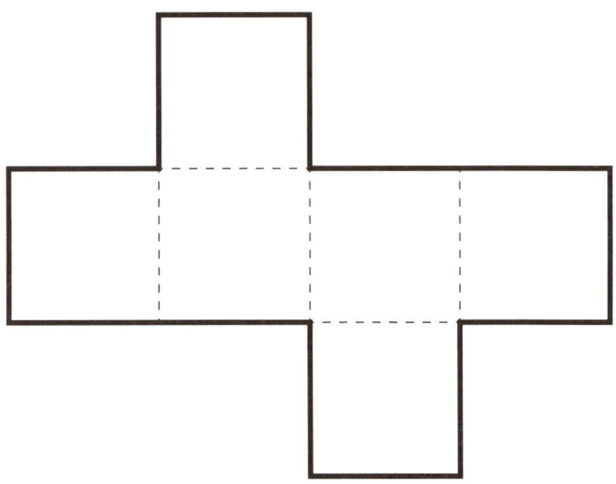

다음은 정육면체의 전개도입니다. 도미노 조각으로 만들 수 있는 모양을 모두 찾아보세요.

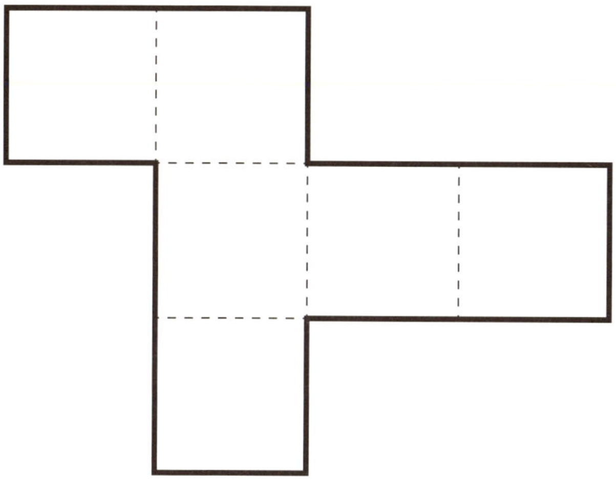

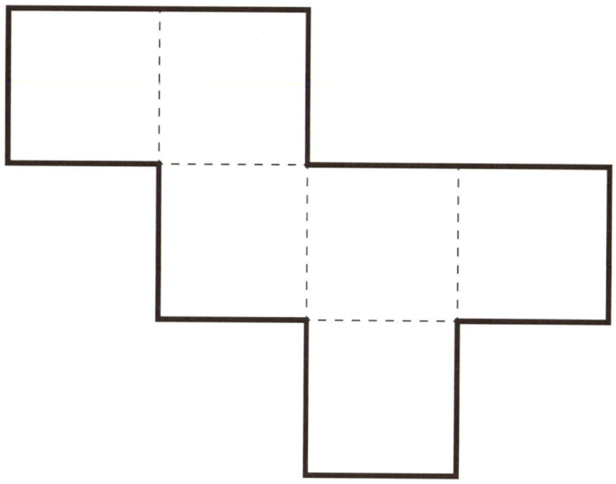

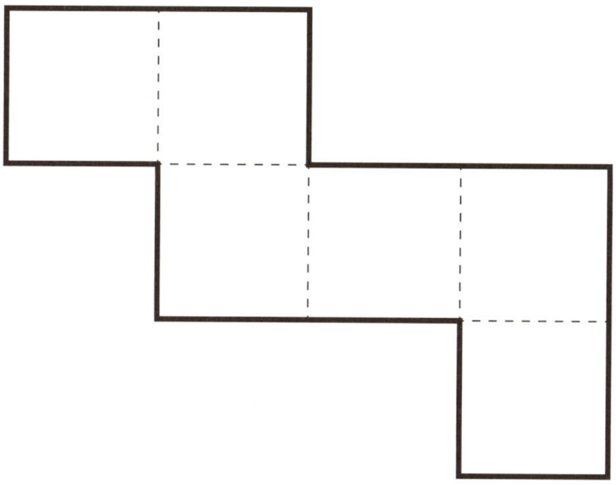

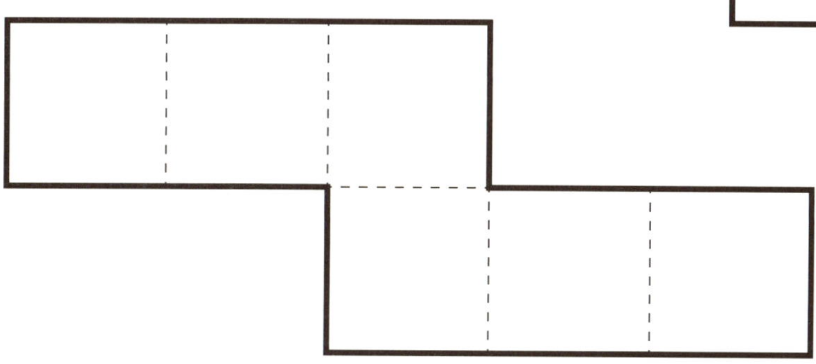

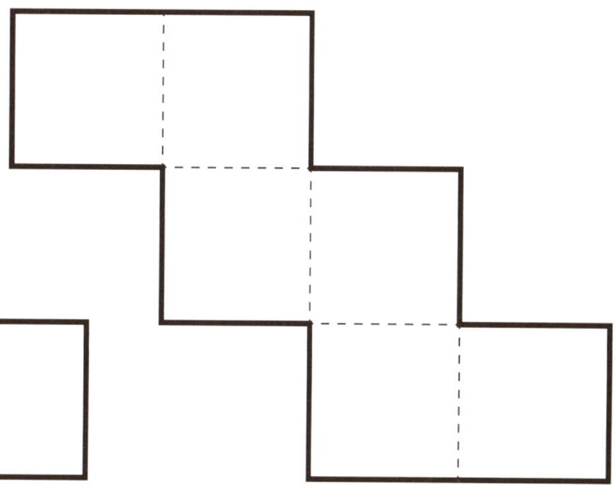

19. 도미노 전개도 2

도미노 조각으로 정육면체를 만들려고 합니다. 빈 곳에 들어갈 도미노를 찾아보세요.
이때 마주보는 면의 합이 7이여야 합니다.

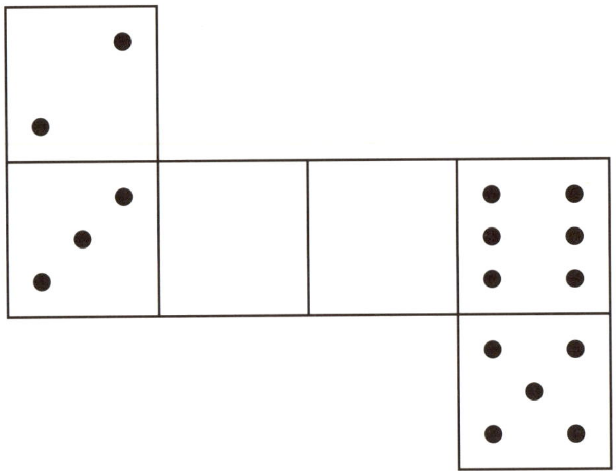

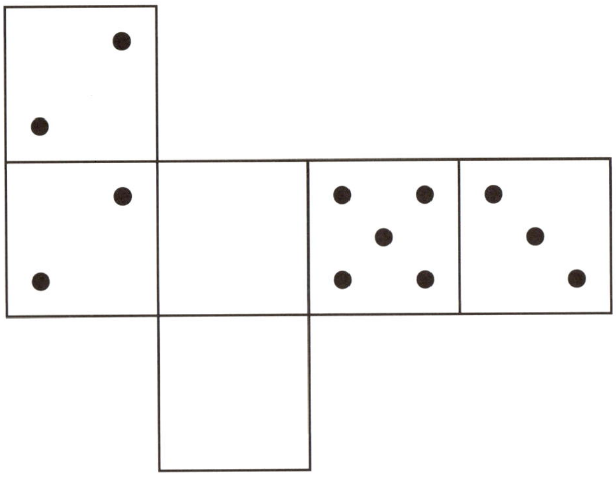

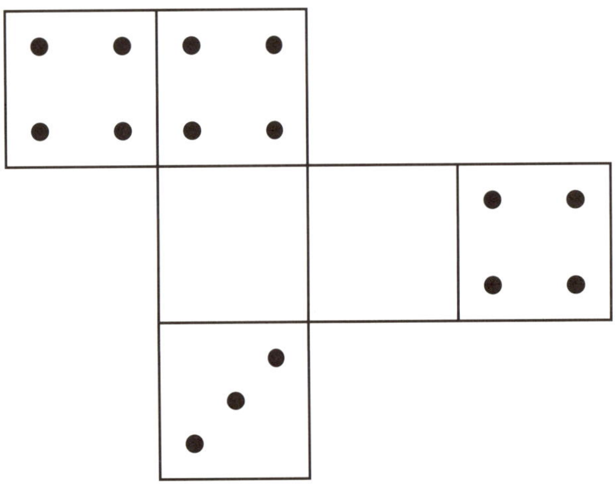

도미노 조각으로 정육면체를 만들려고 합니다. 빈 곳에 들어갈 도미노를 찾아보세요.
이때 마주보는 면의 합이 7이어야 합니다.

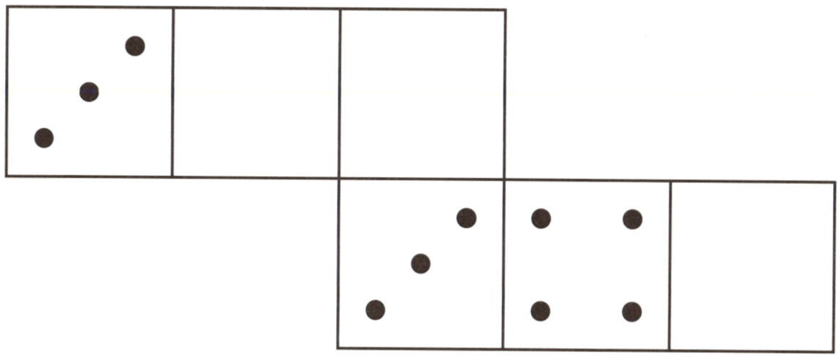

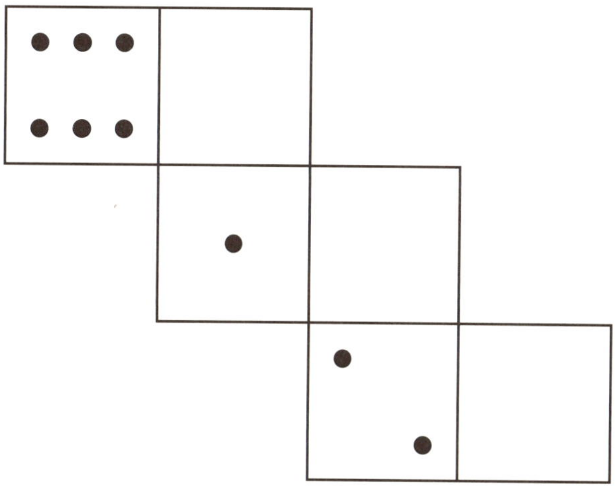

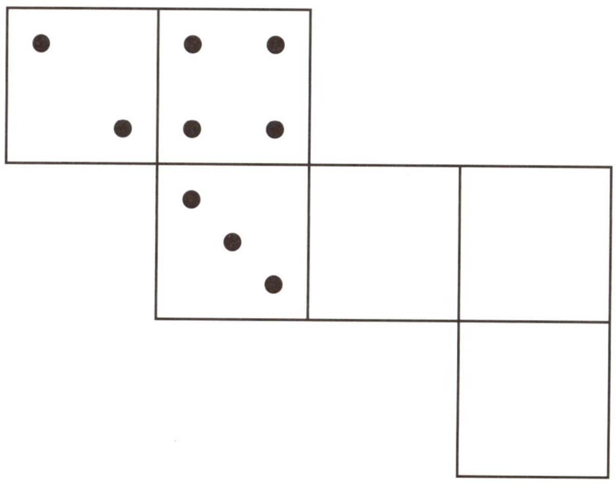

다음 모양을 맞춰보세요.

6	3	4	3	0	4	3
5	0	2	1	5	1	3
2	6	5	0	6	6	5
3	4	5	4	4	3	1
2	0	0	1	6	0	2
6	5	1	3	1	2	1
2	4	6	5	1	4	6
4	0	5	3	2	2	0

다음 모양을 맞춰보세요.

5	1	1	0	3	2	6
0	4	2	6	0	1	1
6	3	5	4	2	4	6
4	2	2	1	3	5	6
2	1	5	0	2	4	0
0	3	3	0	3	1	4
6	2	4	1	5	5	6
3	5	4	0	6	3	5

정답 제시된 방법 외에 다양한 답이 나올 수 있습니다.

p.6

1. 색도미노 만들기

도형

다음 모양의 도미노 스티커를 너무 타일에 붙여보세요.

1) 몬스터 색은 모두 몇 가지입니까? 7가지

2) 도미노는 모두 몇 개입니까? 28개

3) 제시된 색깔의 몬스터는 모두 몇 개입니까?

개수	8	8	8	8	8	8	8

p.7

교구탐색

다음 모양의 도미노 스티커를 나무 타일에 붙여보세요.

1) 도미노 점은 무엇을 나타냅니까? 0~6까지의 수

2) 도미노는 모두 몇 개입니까? 28개

3) 제시된 점은 모두 몇 개입니까?

개수	8	8	8	8	8	8	8

p.8

2. 점도미노 분류하기

자료와 가능성

도미노를 두 점의 합에 따른 기준으로 분류해 보세요.

기준	도미노	개수
두 점의 합이 0인 도미노	(0, 0)	1개
두 점의 합이 1인 도미노	(0, 1)	1개
두 점의 합이 2인 도미노	(0, 2), (1, 1)	2개
두 점의 합이 3인 도미노	(0, 3), (1, 2)	2개
두 점의 합이 4인 도미노	(0,4) (1,3) (2,2)	3개
두 점의 합이 5인 도미노	(0,5) (1,4) (2,3)	3개
두 점의 합이 6인 도미노	(0,6) (1,5) (2,4) (3,3)	4개
두 점의 합이 7인 도미노	(1,6) (2,5) (3,4)	3개
두 점의 합이 8인 도미노	(2,6) (3,5) (4,4)	3개
두 점의 합이 9인 도미노	(3,6) (4,5)	2개
두 점의 합이 10인 도미노	(4,6) (5,5)	2개
두 눈의 합이 11인 도미노	(5,6)	1개
두 눈의 합이 12인 도미노	(6,6)	1개

티칭 가이드 → (0, 0) → (0, 1) → (1, 4) 도미노라고 약속합니다.

p.9

분류하기

도미노를 점의 차에 따른 기준으로 분류해 보세요.

기준	도미노	개수
점의 차가 0인 도미노	(0,0) (1,1) (2,2) (3,3) (4,4) (5,5) (6,6)	7개
점의 차가 1인 도미노	(0,1) (1,2) (2,3) (3,4) (4,5) (5,6)	6개
점의 차가 2인 도미노	(0,2) (1,3) (2,4) (3,5) (4,6)	5개
점의 차가 3인 도미노	(0,3) (1,4) (2,5) (3,6)	4개
점의 차가 4인 도미노	(0,4) (1,5) (2,6)	3개
점의 차가 5인 도미노	(0,5) (1,6)	2개
점의 차가 6인 도미노	(0,6)	1개

제시된 방법 외에 다양한 답이 나올 수 있습니다.

p.10

3. 다른 도미노 찾기

규칙성

다음 도미노 중에서 다른 도미노를 찾아보세요. 어떤 부분이 다른지 이야기해 보세요.

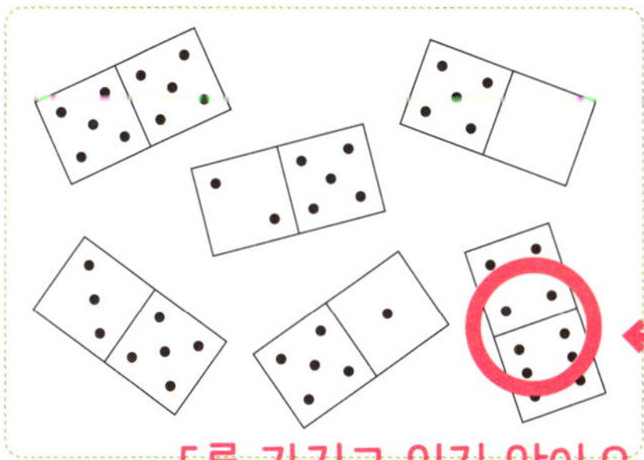

5를 가지고 있지 않아요.

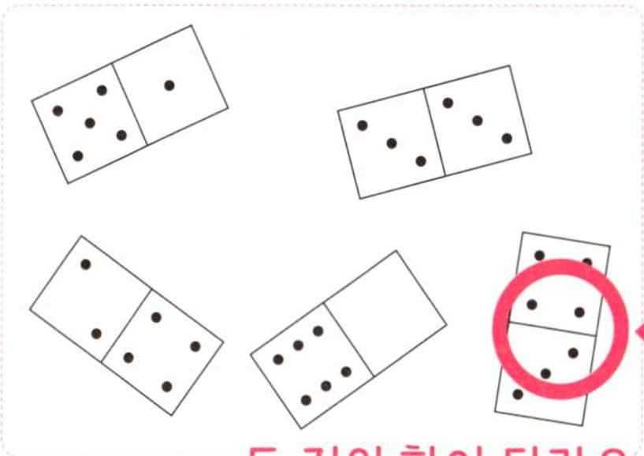

두 점의 합이 달라요.

10 CHALLENGE STEP 3

p.11

다른 점 찾기

다음 도미노 중에서 다른 도미노를 찾아보세요. 어떤 부분이 다른지 이야기해 보세요.

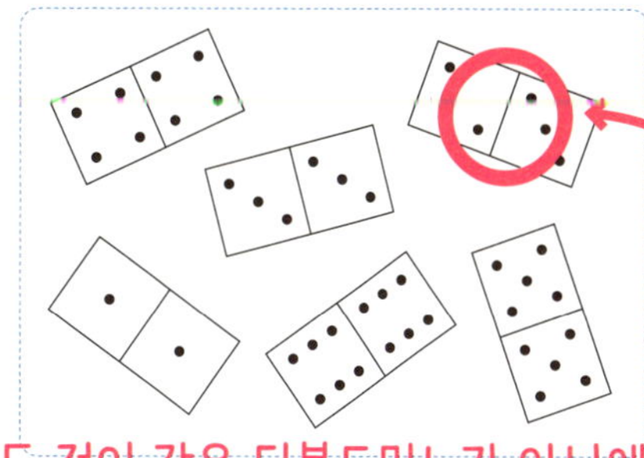

두 점이 같은 더블도미노가 아니에요.

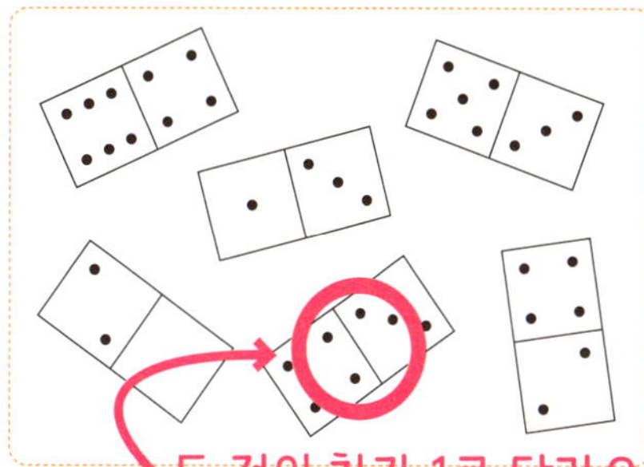

두 점의 차가 1로 달라요.

도미노 11

p.12

4. 점의 모양의 변화

도형

도미노의 점은 0부터 6까지 있습니다. 다음 모양 중에서 돌렸을 때 모양이 변하는 것과 변하지 않는 것을 분류해 보세요.

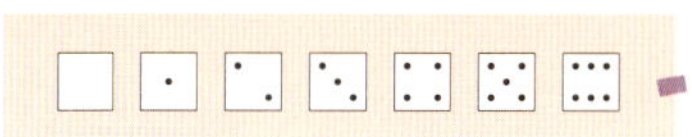

〈모양이 변하는 것〉

〈모양이 변하지 않는 것〉

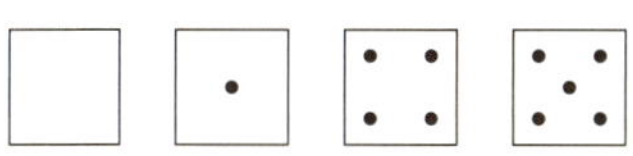

12 CHALLENGE STEP 3

p.13

도형 돌리기

다음 모양을 제시된 방향으로 돌렸을 때 점의 모양을 그려보세요.

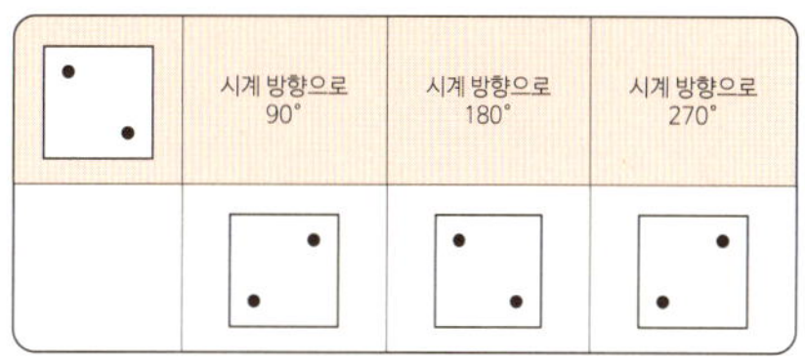

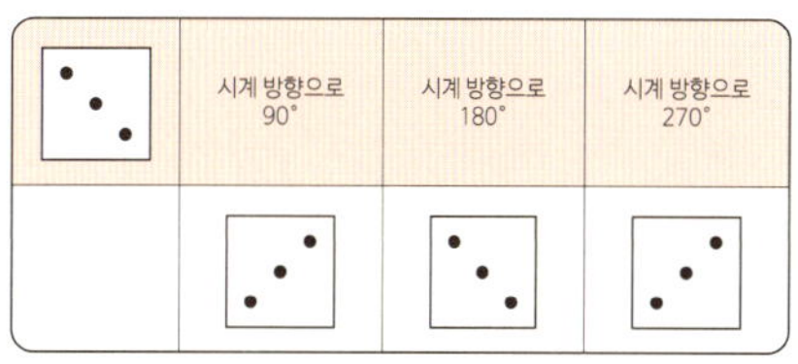

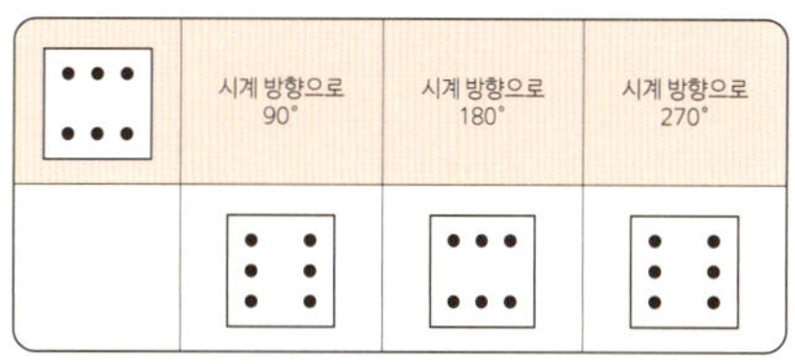

도미노 13

정답 제시된 방법 외에 다양한 답이 나올 수 있습니다.

p.14

5. 조건에 맞는 도미노 찾기

수와 연산

다음 조건에 맞는 도미노를 모두 찾아보세요.

1) 두 눈의 합이 6입니다.

0 6, 1 5, 2 4, 3 3

2) 두 눈의 합이 4보다 작습니다.

0 0, 0 1, 0 2, 1 1, 0 3, 1 2

3) 두 눈의 합이 8보다 큽니다.

3 6, 4 5, 4 6, 5 5, 5 6, 6 6

p.15

문제해결

다음 조건에 맞는 도미노를 모두 찾아보세요.

4) 두 눈의 차가 가장 큰 도미노를 찾아보세요.

0 6

5) 두 눈의 차가 3인 도미노를 모두 찾아보세요.

0 3, 1 4, 2 5, 3 6

6) 두 눈의 차가 1보다 작습니다.

0 0, 1 1, 2 2, 3 3, 4 4, 5 5, 6 6

p.16

6. 도미노 방진 1

수와 연산

<보기>와 같이 가로와 세로의 합이 가운데 수가 되도록 알맞은 도미노를 놓아보세요.

보기

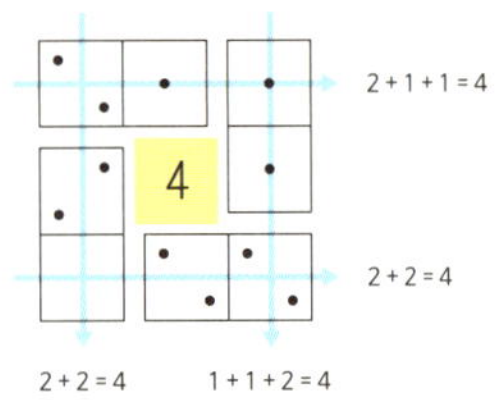

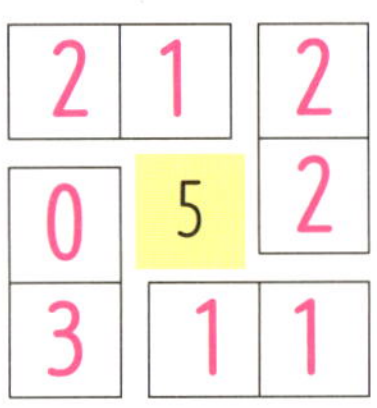

p.17

도미노 방진

가로와 세로의 합이 가운데 수가 되도록 알맞은 도미노를 놓아보세요.

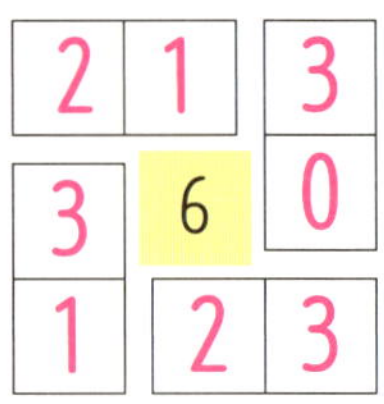

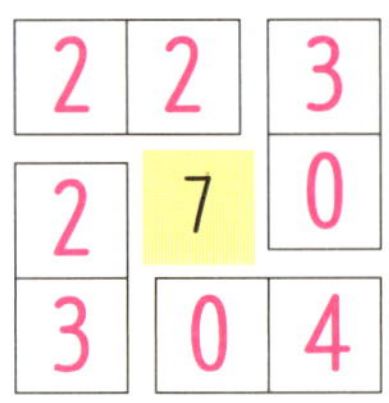

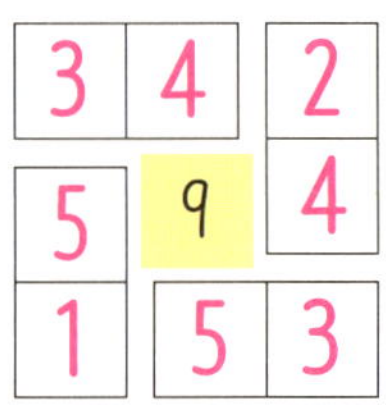

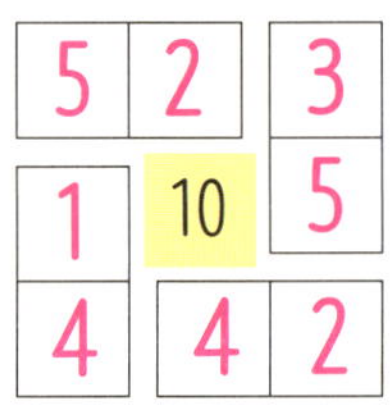

제시된 방법 외에 다양한 답이 나올 수 있습니다.

p.18

7. 색도미노 활동 1

규칙성

도미노 28개를 모두 사용해서 빈 곳에 알맞은 도미노를 놓아보세요. 이때, 이웃하는 도미노가 같아야 합니다.

티칭 가이드 색도미노 활동을 할 때, 그림이 뒤집어지거나 방향이 다른 것은 상관없습니다.

p.19

이웃하는 규칙

도미노 28개를 모두 사용해서 빈 곳에 알맞은 도미노를 놓아보세요. 이때, 이웃하는 도미노가 같아야 합니다.

p.20

8. 색도미노 활동 2

도형

다음 모양을 만들어 보세요.

티칭 가이드 답을 표시하는 방법은 선으로 표시하기( ) 또는 테두리 굵게 표시하기( ) 등의 방법을 사용합니다.

p.21

모양 맞추기

다음 모양을 만들어 보세요.

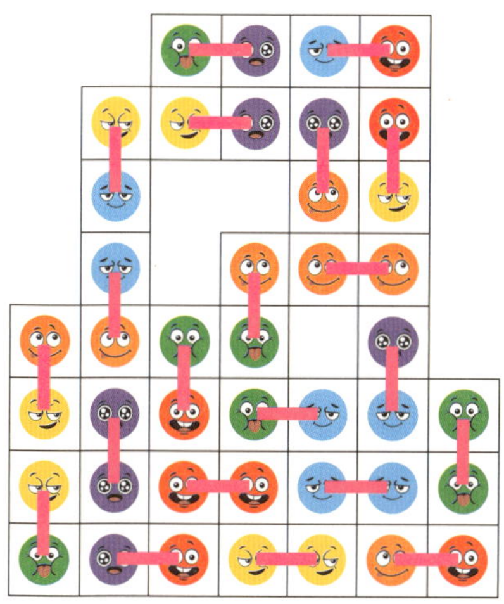

정답 제시된 방법 외에 다양한 답이 나올 수 있습니다.

p.22

8. 색도미노 활동 3

도형

다음 모양을 만들어 보세요.

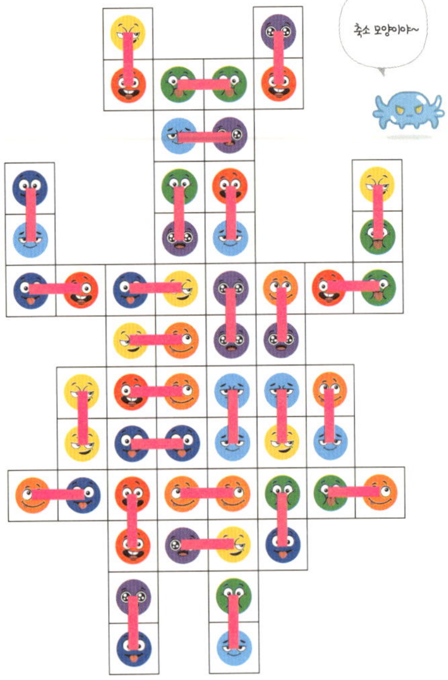

p.23

모양 맞추기

다음 모양을 만들어 보세요.

p.24

10. 도미노 방진 2

마방진

가로 줄과 세로 줄에 놓인 점의 합이 매직넘버가 되도록 주어진 도미노를 놓아보세요.

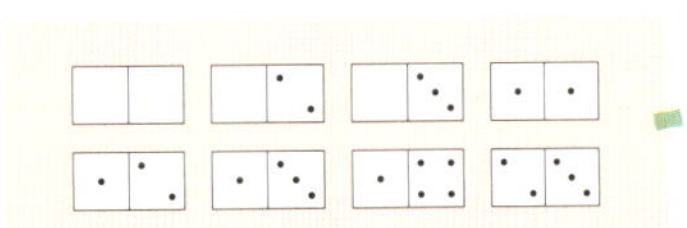

마방진이란
가로와 세로의 합이
모두 같도록 만든
사각형 모양의 숫자배열
표를 말해요.

이때, 가로와 세로의
합이 같아지는 그 수를
매직넘버라 약속해요.

매직넘버 6

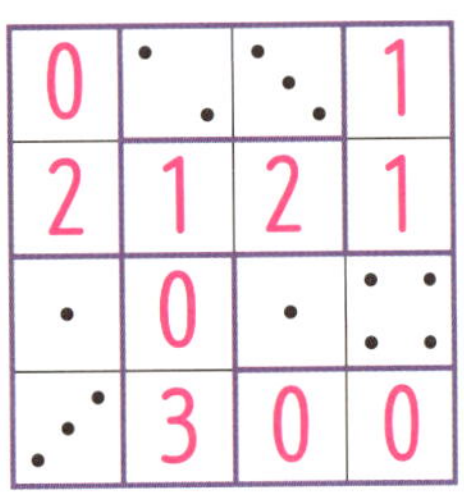

p.25

도미노 방진

가로 줄과 세로 줄에 놓인 점의 합이 매직 넘버가 되도록 주어진 도미노를 놓아보세요.

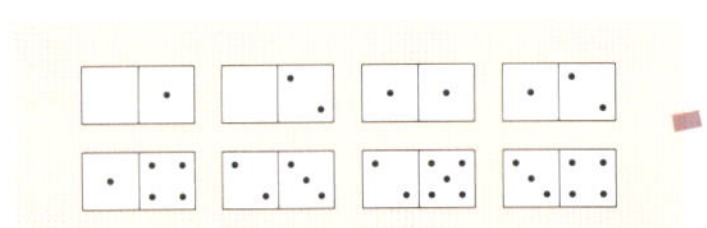

이미 놓여있는
도미노부터
놓고 시작하자~

매직넘버 8

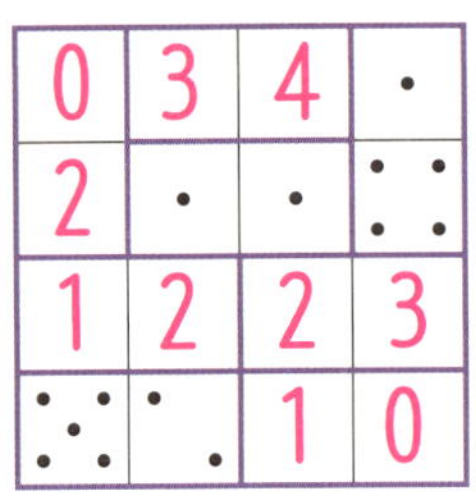

어디서부터
풀면 좋을까?

제시된 방법 외에 다양한 답이 나올 수 있습니다.

p.26

11. 모양 만들기

도형

다음 모양을 맞춰보세요. 이때 도미노 점의 방향까지도 생각해야 합니다.

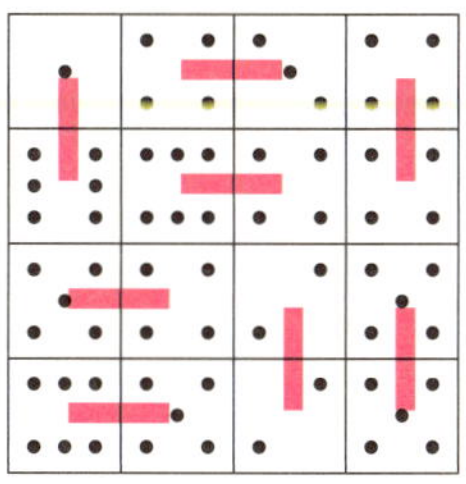

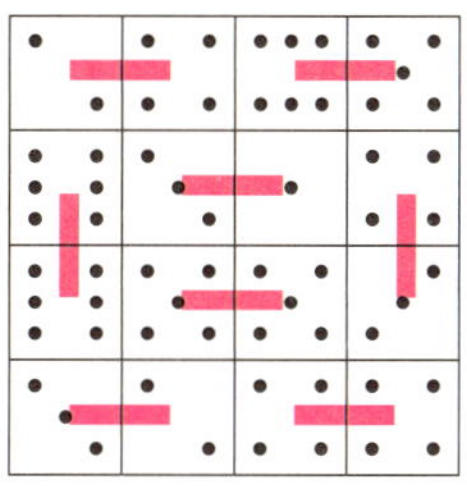

p.27

모양 맞추기

다음 모양을 맞춰보세요. 이때 도미노 점의 방향까지도 생각해야 합니다.

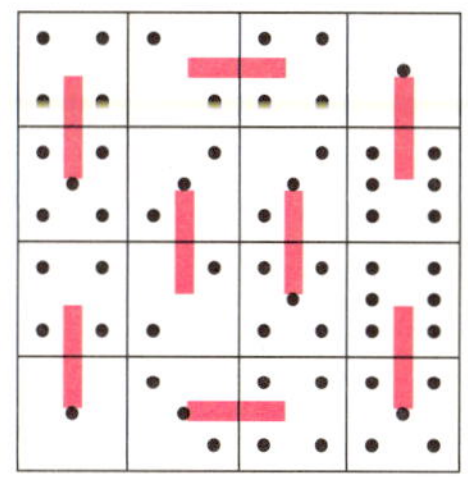

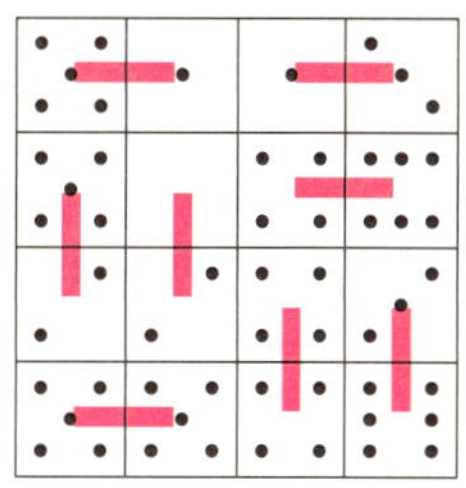

티칭 가이드 조각을 가로로 놓거나 세로로 놓았을 때 방향이 바뀌는 수를 먼저 생각합니다.

p.28

12. 도미노 곱셈 1

수와 연산

도미노의 눈의 곱이 다음과 같도록 알맞은 도미노를 놓아보세요. 이때, 이웃하는 도미노의 점의 수가 같아야 합니다.

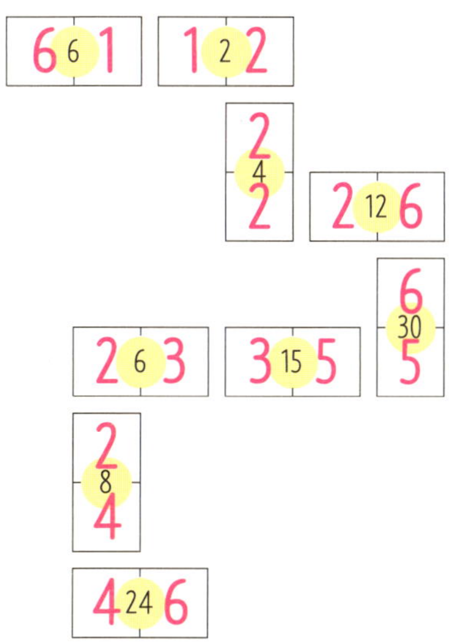

p.29

곱셈

도미노의 눈의 곱이 다음과 같도록 알맞은 도미노를 놓아보세요. 이때, 이웃하는 도미노의 점의 수가 같아야 합니다.

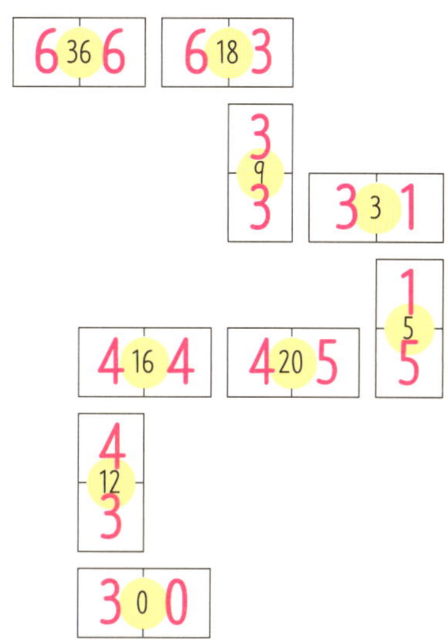

정답 제시된 방법 외에 다양한 답이 나올 수 있습니다.

p.30

13. 도미노 곱셈 2

수와 연산

도미노의 눈의 곱이 다음과 같도록 알맞은 도미노를 놓아보세요. 이때, 이웃하는 도미노의 점의 수가 같아야 합니다.

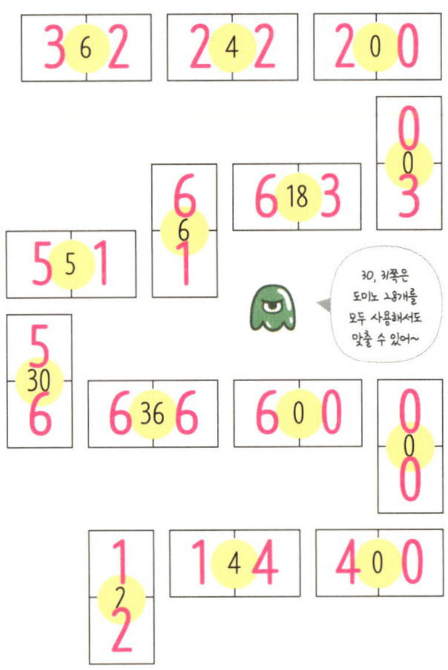

p.31

곱셈

도미노의 눈의 곱이 다음과 같도록 알맞은 도미노를 놓아보세요. 이때, 이웃하는 도미노의 점의 수가 같아야 합니다.

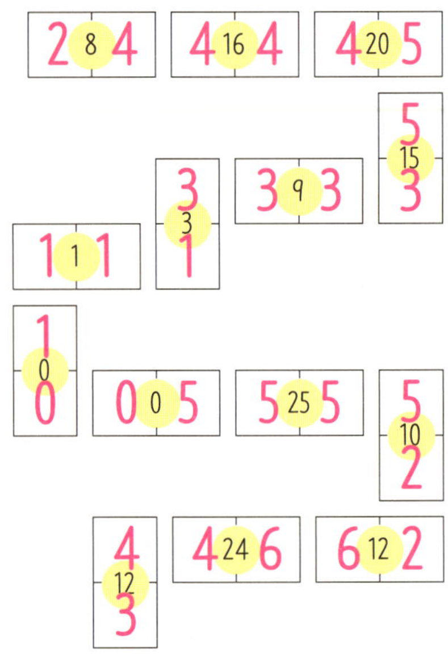

p.32

14. 도미노 방진 3

수와 연산

가로 줄과 세로 줄에 놓인 점의 합이 매직 넘버가 되도록 주어진 도미노를 놓아보세요.

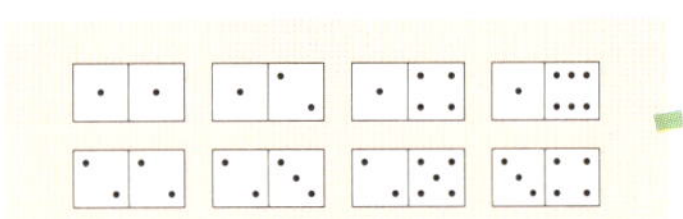

매직넘버 10

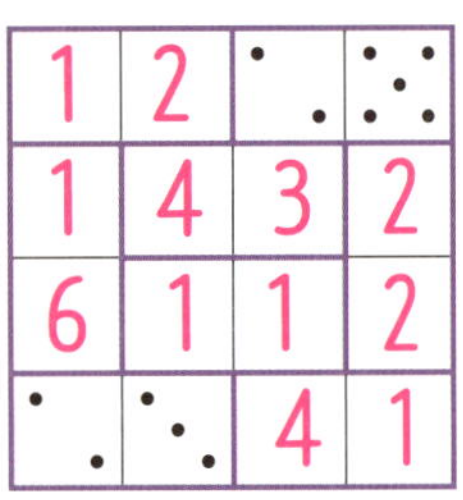

p.33

문제해결

가로 줄과 세로 줄에 놓인 점의 합이 매직 넘버가 되도록 주어진 도미노를 놓아보세요.

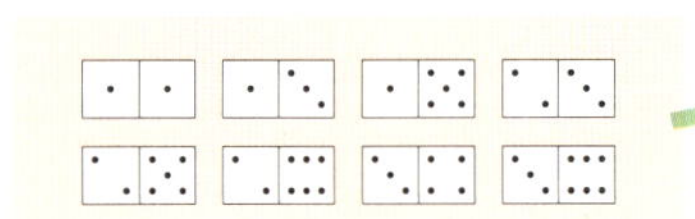

매직넘버 12

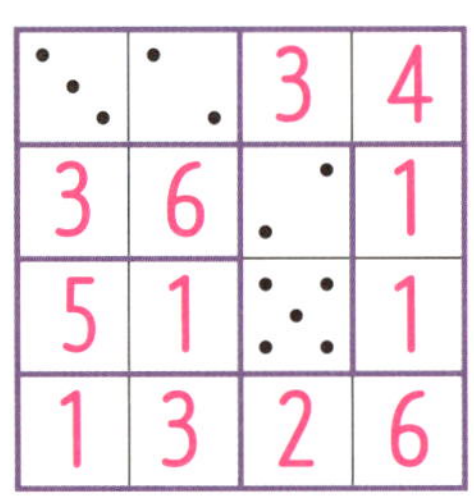

제시된 방법 외에 다양한 답이 나올 수 있습니다.

p.34

15. 도미노 방진 4

수와 연산

도미노 28개를 4개씩 7부분으로 나누어서 1) ~ 7) 문제를 가로줄과 세로줄에 있는 수의 합이 가운데 제시된 매직넘버가 되도록 만들어 보세요.

1)

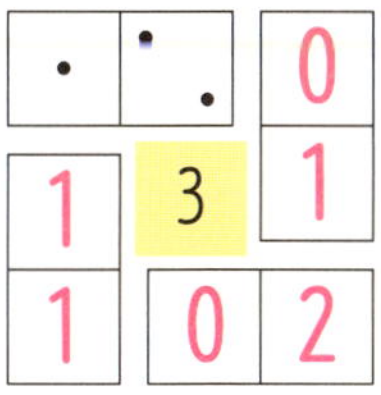

2)

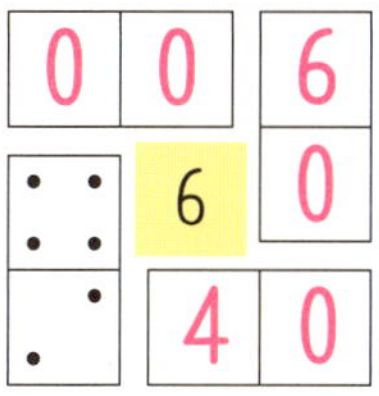

3)

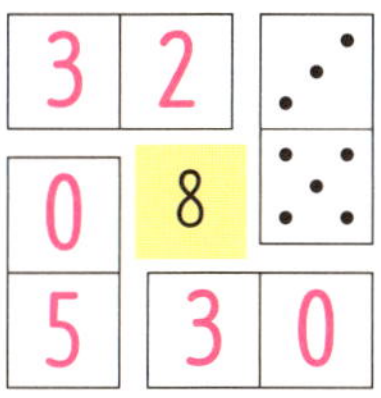

p.35

문제해결

4)

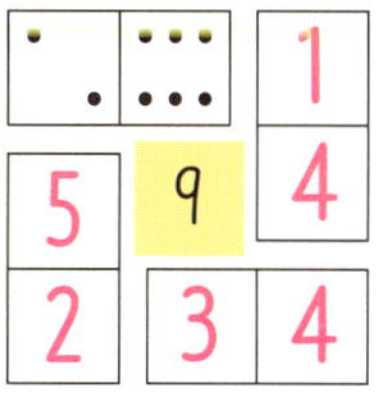

5)

6)

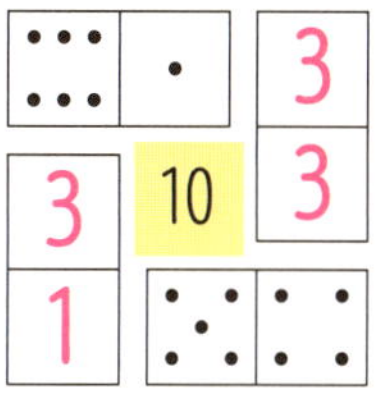

7)

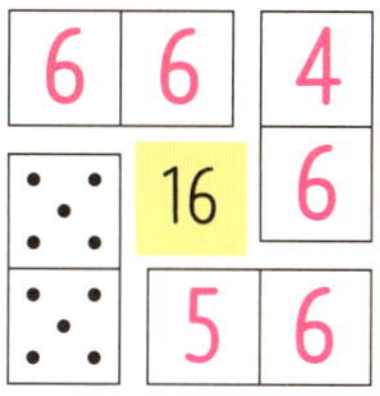

p.36

16. 모양 맞추기

도형

다음 모양을 맞춰보세요.

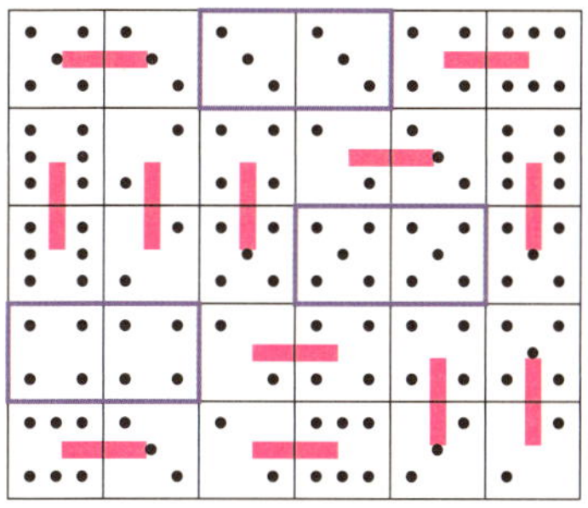

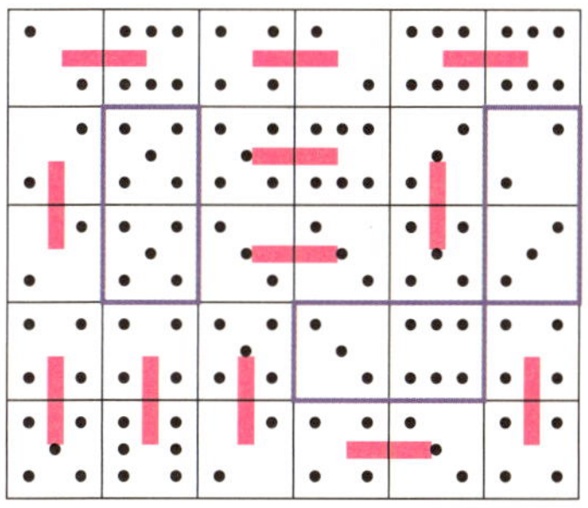

p.37

모양 맞추기

다음 모양을 맞춰보세요.

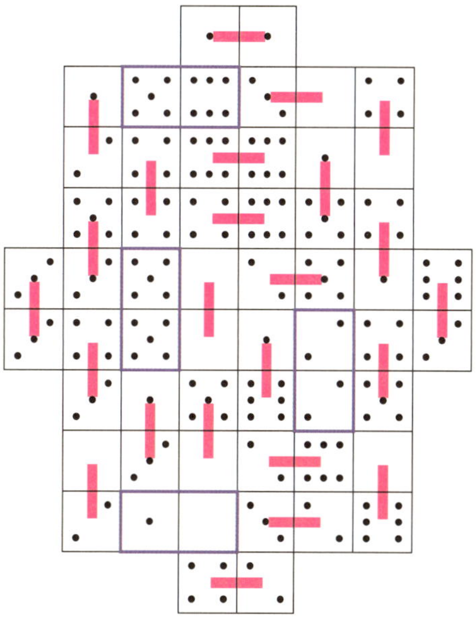

정답 제시된 방법 외에 다양한 답이 나올 수 있습니다.

p.38

17. 도미노 곱셈 방진

수와 연산

〈보기〉와 같이 가로와 세로의 곱이 가운데 수가 되도록 알맞은 도미노를 놓아보세요.

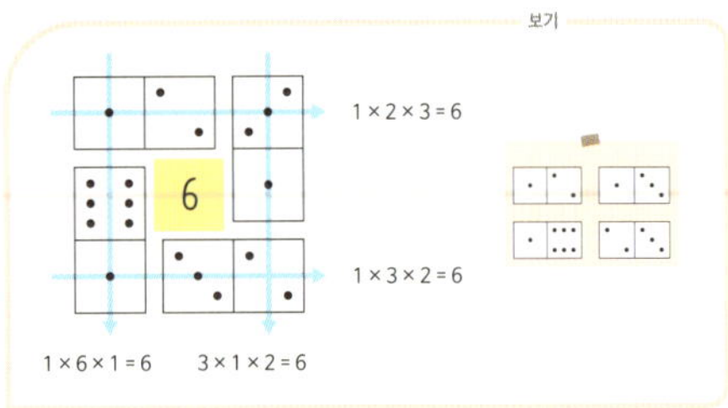

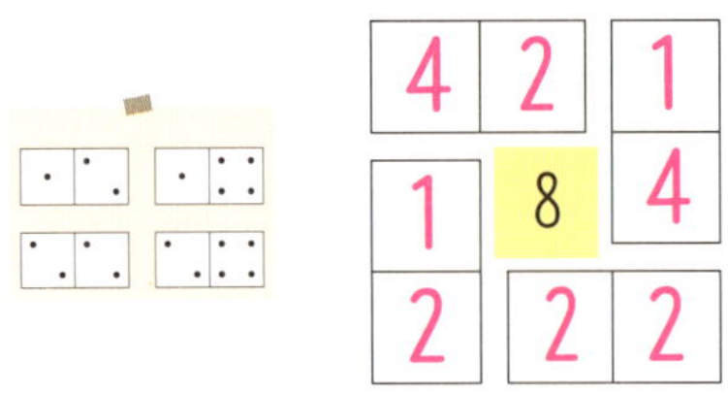

38 조이앤에듀 CHALLENGE STEP 3

p.39

문제해결

가로와 세로의 곱이 가운데 수가 되도록 알맞은 도미노를 놓아보세요.

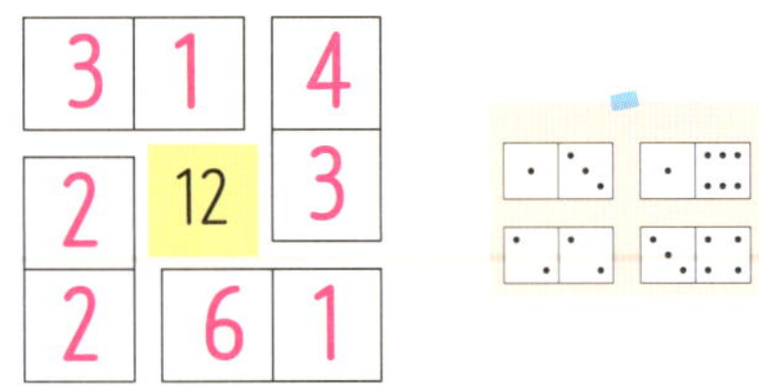

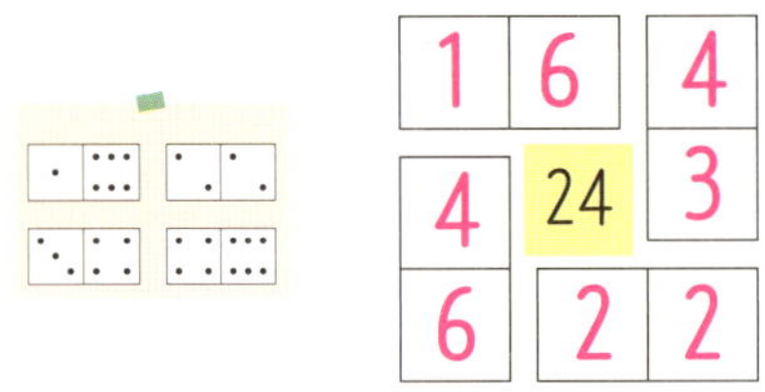

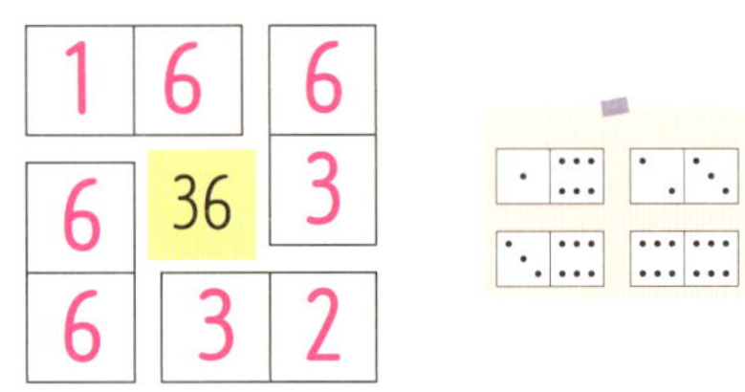

도미노 39

p.40

18. 도미노 전개도 1

도형

다음은 정육면체의 전개도입니다. 도미노 조각으로 만들 수 있는 모양을 모두 찾아보세요.

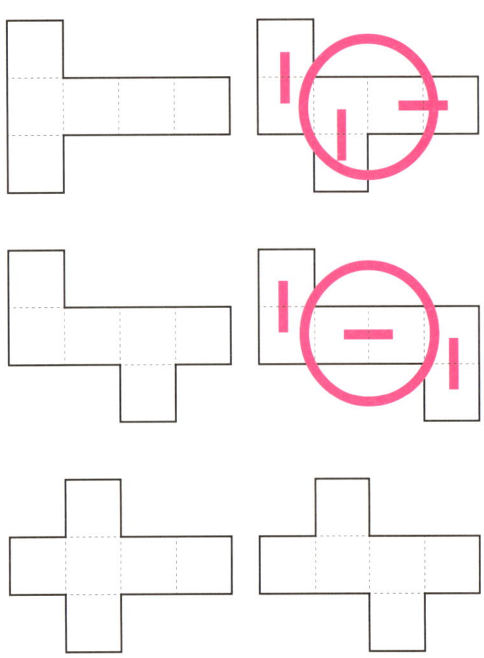

40 조이앤에듀 CHALLENGE STEP 3

p.41

전개도

다음은 정육면체의 전개도입니다. 도미노 조각으로 만들 수 있는 모양을 모두 찾아보세요.

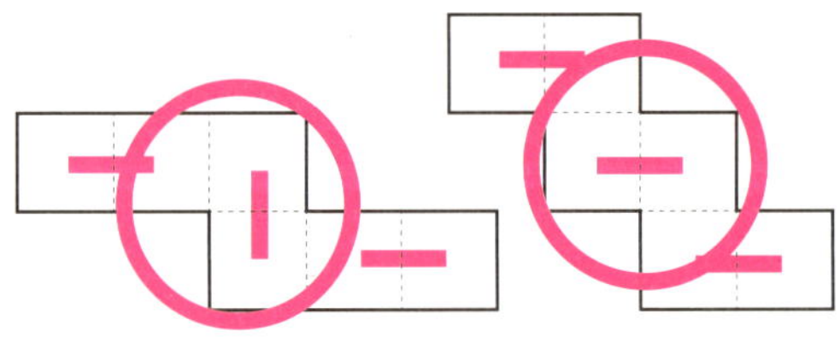

도미노 41

제시된 방법 외에 다양한 답이 나올 수 있습니다.

p.42

19. 도미노 전개도 2

도형

도미노 조각으로 정육면체를 만들려고 합니다. 빈 곳에 들어갈 도미노를 찾아보세요.
이때 마주보는 면의 합이 7이어야 합니다.

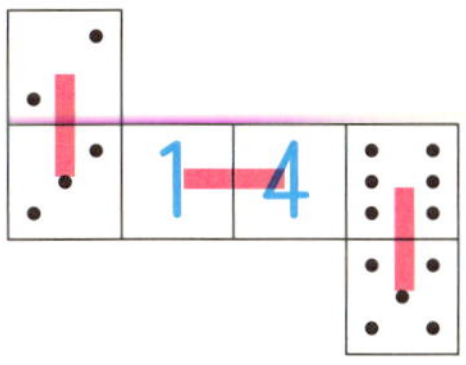

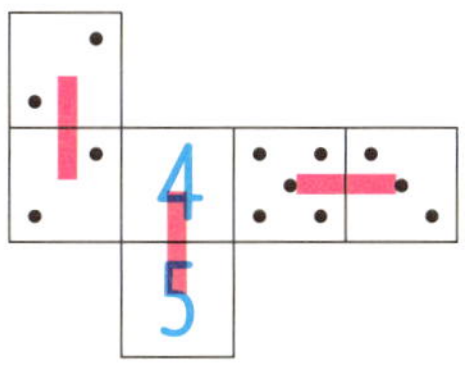

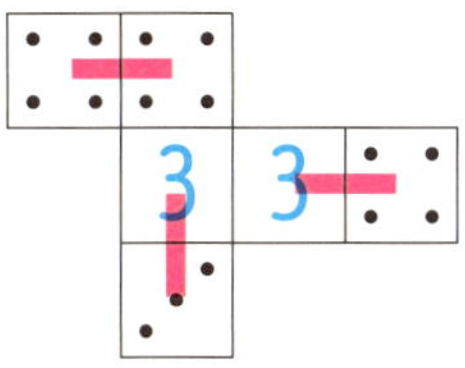

p.43

전개도

도미노 조각으로 정육면체를 만들려고 합니다. 빈 곳에 들어갈 도미노를 찾아보세요.
이때 마주보는 면의 합이 7이어야 합니다.

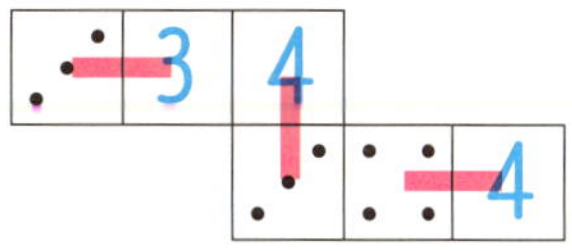

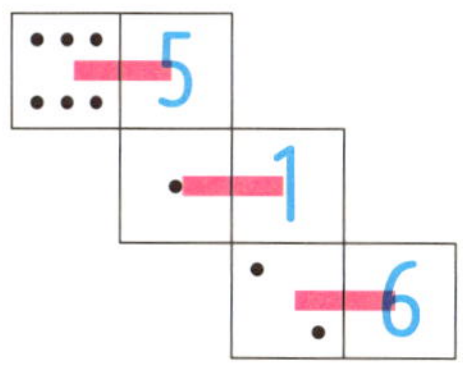

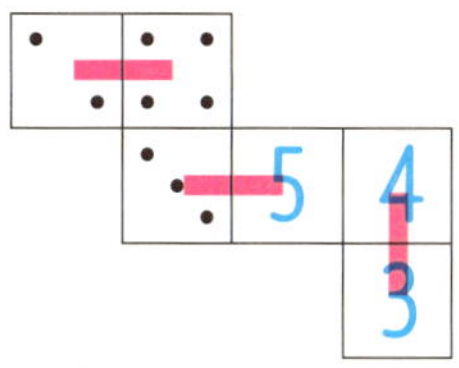

p.44

20. 문제 해결

도형

다음 모양을 맞춰보세요.

6	3	4	3	0	4	3
5	0	2	1	5	1	3
2	6	5	0	6	6	5
3	4	5	4	4	3	1
2	0	0	1	6	0	2
6	5	1	3	1	2	1
2	4	6	5	1	4	6
4	0	5	3	2	2	0

p.45

문제해결

다음 모양을 맞춰보세요.

5	1	1	0	3	2	6
0	4	2	6	0	1	1
6	3	5	4	2	4	6
4	2	2	1	3	5	6
2	1	5	0	2	4	0
0	3	3	0	3	1	4
6	2	4	1	5	5	6
3	5	4	0	6	3	5

MEMO

색도미노 스티커

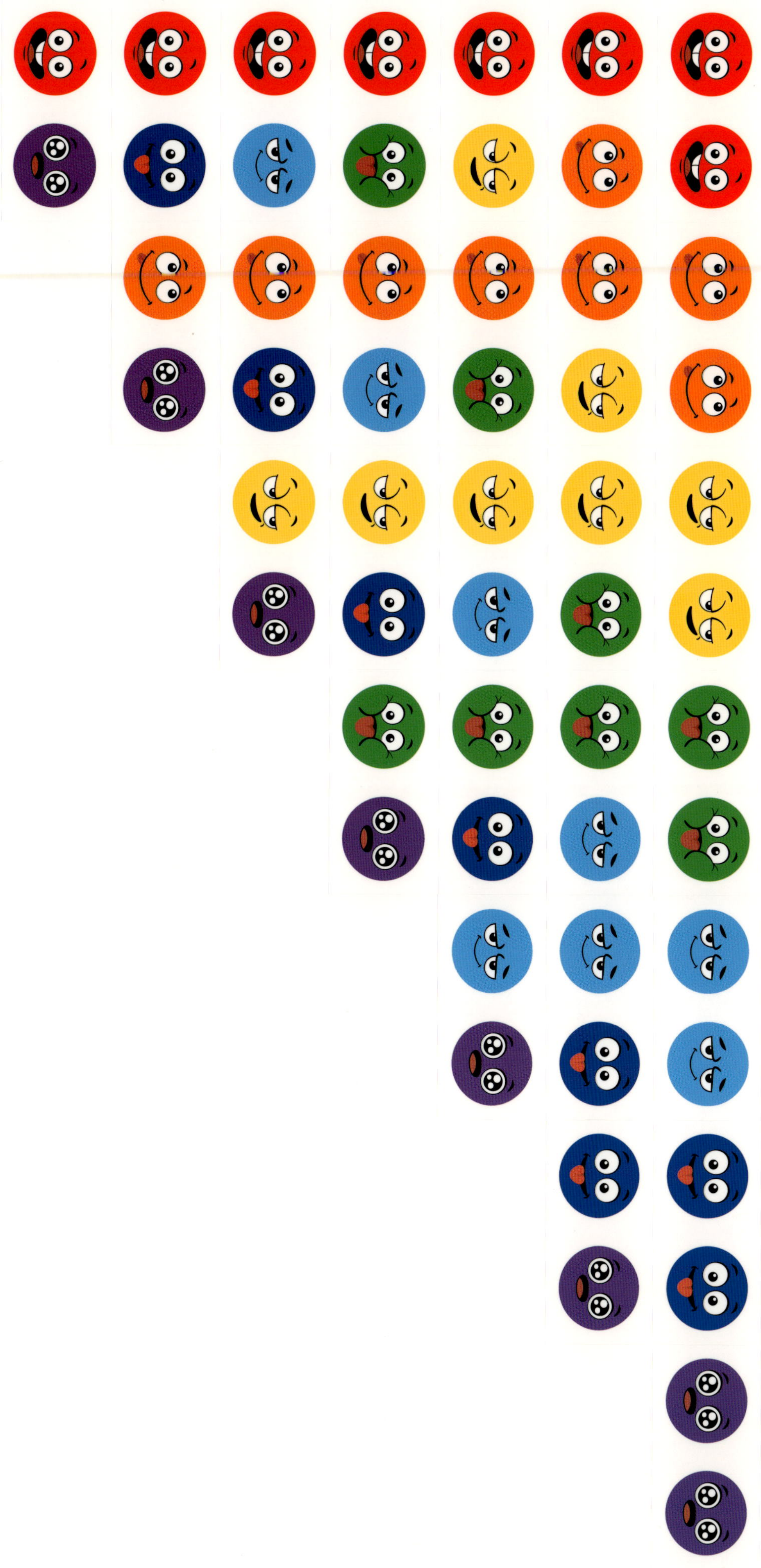

점도미노 스티커

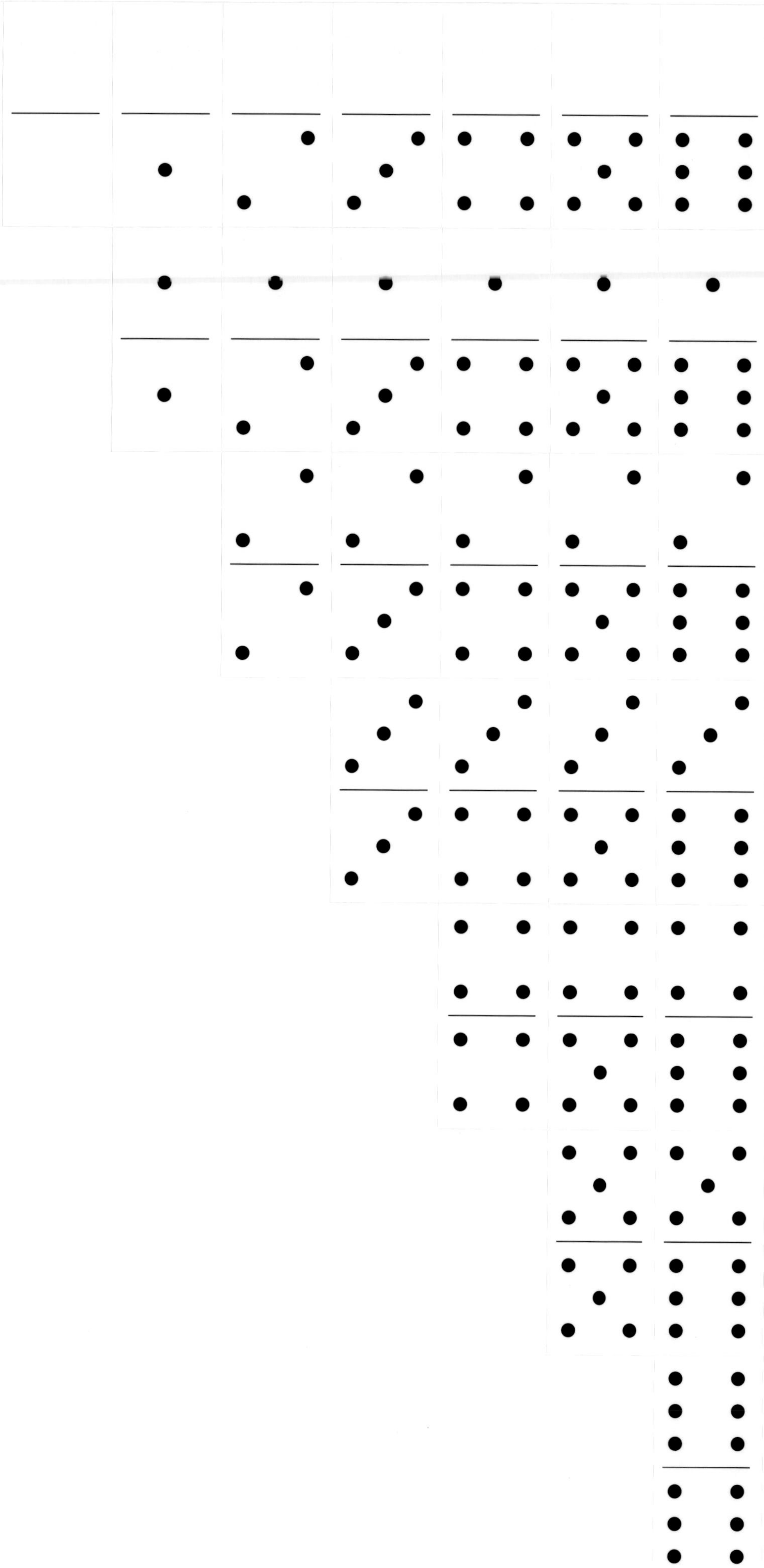